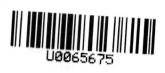

書名：袁氏命譜（上）
系列：心一堂術數古籍珍本叢刊　星命類
作者：〔民國〕袁樹珊撰

主編、責任編輯：陳劍聰
心一堂術數古籍珍本叢刊編校小組：陳劍聰　素聞　梁松盛　鄒偉才　虛白盧主

出版：心一堂有限公司
地址／門市：香港九龍尖沙咀東麼地道六十三號好時中心LG 六十一室
電話號碼：+852-6715-0840　+852-3466-1112
網址：publish.sunyata.cc
電郵：sunyatabook@gmail.com
網上書店：http://book.sunyata.cc
網上論壇：http://bbs.sunyata.cc/

版次：二零一四年五月初版
平裝：二冊不分售

定價：港幣　二百四十八元正
　　　人民幣　二百四十八元正
　　　新台幣　八百八十元正

國際書號：ISBN 978-988-8266-71-5

香港及海外發行：香港聯合書刊物流有限公司
地址：香港新界大埔汀麗路三十六號中華商務印刷大厦三樓
電話號碼：+852-2150-2100
傳真號碼：+852-2407-3062
電郵：info@suplogistics.com.hk

台灣發行：秀威資訊科技股份有限公司
地址：台灣台北市內湖區瑞光路七十六巷六十五號一樓
電話號碼：+886-2-2796-3638
傳真號碼：+886-2-2796-1377
網路書店：www.govbooks.com.tw
　　　　　www.bodbooks.com.tw
經銷：易可數位行銷股份有限公司
地址：台灣新北市新店區寶橋路二三五巷六弄三號五樓
電話號碼：+886-2-8911-0825
傳真號碼：+886-2-8911-0801
email：book-info@ecorebooks.com
易可部落格：http://ecorebooks.pixnet.net/blog

中國大陸發行・零售：心一堂書店
深圳地址：中國深圳羅湖立新路六號東門博雅負一層零零八號
電話號碼：+86-755-8222-4934
北京地址：中國北京東城區雍和宮大街四十號
心一店淘寶網：http://sunyatacc.taobao.com

心一堂術數古籍 珍本整理 叢刊 總序

術數定義

術數，大概可謂以「推算（推演）、預測人（個人、群體、國家等）、事、物、自然現象、時間、空間方位等規律及氣數，並或通過種種『方術』，從而達致趨吉避凶或某種特定目的」之知識體系和方法。

術數類別

我國術數的內容類別，歷代不盡相同，例如《漢書・藝文志》中載，漢代術數有六類：天文、曆譜、五行、蓍龜、雜占、形法。至清代《四庫全書》，術數類則有：數學、占候、相宅相墓、占卜、命書、相書、陰陽五行、雜技術等，其他如《後漢書・方術部》、《藝文類聚・方術部》、《太平御覽・方術部》等，對於術數的分類，皆有差異。古代多把天文、曆譜、及部份數學均歸入術數類，而民間流行亦視傳統醫學作為術數的一環；此外，有些術數與宗教中的方術亦往往難以分開。現代學界則常將各種術數歸納為五大類別：命、卜、相、醫、山，通稱「五術」。

本叢刊在《四庫全書》的分類基礎上，將術數分為九大類別：占筮、星命、相術、堪輿、選擇、三式、讖諱、理數（陰陽五行）、雜術（其他）。而未收天文、曆譜、算術、宗教方術、醫學。

術數思想與發展——從術到學，乃至合道

我國術數是由上古的占星、卜筮、形法等術發展下來的。其中卜筮之術，是歷經夏商周三代而通過

「龜卜、蓍筮」得出卜（筮）辭的一種預測（吉凶成敗）術，之後歸納並結集成書，此即現傳之《易經》。經過春秋戰國至秦漢之際，受到當時諸子百家的影響、儒家的推崇，遂有《易傳》等的出現，原本是卜筮術書的《易經》，被提升及解讀成有包涵「天地之道（理）」之學。因此，《易・繫辭傳》曰：「易與天地準，故能彌綸天地之道。」

漢代以後，易學中的陰陽學說，與五行、九宮、干支、氣運、災變、律曆、卦氣、讖緯、天人感應說等相結合，形成易學中象數系統。而其他原與《易經》本來沒有關係的術數，如占星、形法、選擇，亦漸漸以易理（象數學說）為依歸。《四庫全書・易類小序》云：「術數之興，多在秦漢以後。要其旨，不出乎陰陽五行，生尅制化。實皆《易》之支派，傳以雜說耳。」至此，術數可謂已由「術」發展成「學」。

及至宋代，術數理論與理學中的河圖洛書、太極圖、邵雍先天之學及皇極經世等學說給合，通過術數以演繹理學中「天地中有一太極，萬物中各有一太極」（《朱子語類》）的思想。術數理論不單已發展至十分成熟，而且也從其學理中衍生一些新的方法或理論，如《梅花易數》、《河洛理數》等。

在傳統上，術數功能往往不止於僅僅作為趨吉避凶的方術，及「能彌綸天地之道」的學問，亦有其「修心養性」的功能，「與道合一」（修道）的內涵。《素問・上古天真論》：「上古之人，其知道者，法於陰陽，和於術數。」數之意義，不單是外在的算數、歷數、氣數，而是與理學中同等的「道」、「理」--心性的功能，北宋理氣家邵雍對此多有發揮：「聖人之心，是亦數也」、「萬化萬事生乎心」、「心為太極」。《觀物外篇》：「先天之學，心法也。……蓋天地萬物之理，盡在其中矣，心一而不分，則能應萬物。」反過來說，宋代的術數理論，受到當時理學、佛道及宋易影響，認為心性本質上是等同天地之太極。天地萬物氣數規律，能通過內觀自心而有所感知，即是內心也已具備有術數的推演及預測、感知能力；相傳是邵雍所創之《梅花易數》，便是在這樣的背景下誕生。

《易・文言傳》已有「積善之家，必有餘慶；積不善之家，必有餘殃」之說，至漢代流行的災變說及讖緯說，我國數千年來都認為天災，異常天象（自然現象），皆與一國或一地的施政者失德有關；下至家族、個人之盛衰，也都與一族一人之德行修養有關。因此，我國術數中除了吉凶盛衰理數之外，人心的德行修養，也是趨吉避凶的一個關鍵因素。

術數與宗教、修道

在這種思想之下，我國術數不單只是附屬於巫術或宗教行為的方術，又往往是一種宗教的修煉手段—通過術數，以知陰陽，乃至合陰陽（道）。「其知道者，法於陰陽，和於術數。」例如，「奇門遁甲」術中，即分為「術奇門」與「法奇門」兩大類。「法奇門」中有大量道教中符籙、手印、存想、內煉的內容，是道教內丹外法的一種重要外法修煉體系。甚至在雷法一系的修煉上，亦大量應用了術數內容。此外，相術、堪輿術中也有修煉望氣（氣的形狀、顏色）的方法；堪輿家除了選擇陰陽宅之吉凶外，也有道教中選擇適合修道環境（法、財、侶、地中的地）的方法，以至通過堪輿術觀察天地山川陰陽之氣，亦成為領悟陰陽金丹大道的一途。

易學體系以外的術數與的少數民族的術數

我國術數中，也有不用或不全用易理作為其理論依據的，如揚雄的《太玄》、司馬光的《潛虛》。也有一些占卜法、雜術不屬於《易經》系統，不過對後世影響較少而已。

外來宗教及少數民族中也有不少雖受漢文化影響（如陰陽、五行、二十八宿等學說）但仍自成系統的術數，如古代的西夏、突厥、吐魯番等占卜及星占術，藏族中有多種藏傳佛教占卜術、苯教占卜術、擇吉術、推命術、相術等；北方少數民族有薩滿教占卜術；不少少數民族如水族、白族、布朗族、佤族、彝族、苗族等，皆有占雞（卦）草卜、雞蛋卜等術，納西族的占星術、占卜術，彝族畢摩的推命術、占卜術……等等，都是屬於《易經》體系以外的術數。相對上，外國傳入的術數以及其理論，對我國術數影響更大。

曆法、推步術與外來術數的影響

我國的術數與曆法的關係非常緊密。早期的術數中，很多是利用星宿或星宿組合的位置（如某星在某州或某宮某度）付予某種吉凶意義，并據之以推演，例如歲星（木星）、月將（某月太陽所躔之宮次）等。不過，由於不同的古代曆法推步的誤差及歲差的問題，若干年後，其術數所用之星辰的位置，已與真實星辰的位置不一樣了；此如歲星（木星），早期的曆法及術數以十二年為一周期（以應地支），與木星真實周期十一點八六年，每幾十年便錯一宮。後來術家又設一「太歲」的假想星體來解決，是歲星運行的相反，週期亦剛好是十二年。而術數中的神煞，很多即是根據太歲的位置而定。又如六壬術中的「月將」，原是立春節氣後太陽躔娵訾之次而稱作「登明亥將」，至宋代，因歲差的關係，要到雨水節氣後太陽才躔娵訾之次，當時沈括提出了修正，但明清時六壬術中「月將」仍然沿用宋代沈括修正的起法沒有再修正。

由於以真實星象周期的推步術是非常繁複，而且古代星象推步術本身亦有不少誤差，大多數術數除依曆書保留了太陽（節氣）、太陰（月相）的簡單宮次計算外，漸漸形成根據干支、日月等的各自起例，以起出其他具有不同含義的眾多假想星象及神煞系統。唐宋以後，我國絕大部份術數都主要沿用這一系統，也出現了不少完全脫離真實星象的術數，如《子平術》、《紫微斗數》、《鐵版神數》等。後來就連一些利用真實星辰位置的術數，如《七政四餘術》及選擇法中的《天星選擇》，也已與假想星象及神煞混合而使用了。

隨着古代外國曆（推步）、術數的傳入，如唐代傳入的印度曆法及術數，元代傳入的回回曆等，其中我國占星術便吸收了印度占星術中羅睺星、計都星等而形成四餘星，又通過阿拉伯占星術而吸收了其中來自希臘、巴比倫占星術的黃道十二宮、四元素學說（地、水、火、風），並與我國傳統的二十八宿、五行說、神煞系統並存而形成《七政四餘術》。此外，一些術數中的北斗星名，不用我國傳統的星名：天樞、天璇、天璣、天權、玉衡、開陽、搖光，而是使用來自印度梵文所譯的：貪狼、巨門、祿存、文曲，廉貞、武曲、破軍等，此明顯是受到唐代從印度傳入的曆法及占星術所影響。如星命術的《紫微斗數》及堪輿術的《撼龍經》等文獻中，其星皆用印度譯名。及至清初《時憲曆》，置閏之法則改用西法「定氣」。清代以後的術數，又作過不少的調整。

陰陽學——術數在古代、官方管理及外國的影響

術數在古代社會中一直扮演着一個非常重要的角色，影響層面不單只是某一階層、某一職業、某一年齡的人，而是上自帝王，下至普通百姓，從出生到死亡，不論是生活上的小事如洗髮、出行等，大事如建房、入伙、出兵等，從個人、家族以至國家，從天文、氣象、地理到人事、軍事，從民俗、學術到宗教，都離不開術數的應用。我國最晚在唐代開始，已把以上術數之學，稱作陰陽（學），行術數者稱陰陽人。（敦煌文書、斯四三二七唐《師師漫語話》：「以下說陰陽人謾語話」，此說法後來傳入日本，今日本人稱行術數者為「陰陽師」）。一直到了清末，欽天監中負責陰陽術數的官員中，以及民間術數之士，仍名陰陽生。

古代政府的中欽天監（司天監），除了負責天文、曆法、輿地之外，亦精通其他如星占、選擇、堪輿等術數，除在皇室人員及朝庭中應用外，也定期頒行日書、修定術數，使民間對於天文、日曆用事吉

凶及使用其他術數時，有所依從。

中國古代政府對官方及民間陰陽學及陰陽官員，從其內容、人員的選拔、培訓、認證、考核、律法監管等，都有制度。至明清兩代，其制度更為完善、嚴格。

宋代官學之中，課程中已有陰陽學及其考試的內容。（宋徽宗崇寧三年〔一一零四年〕崇寧算學令：「諸學生習……並曆算、三式、天文書。」，「諸試……三式即射覆及預占三日陰陽風雨。天文即預定一月或一季分野災祥，並以依經備草合問為通。」

金代司天臺，從民間「草澤人」（即民間習術數之士）考試選拔：「其試之制，以《宣明曆》試推步，及《婚書》、《地理新書》試合婚、安葬，並《易》筮法，六壬課、三命、五星之術。」（《金史》卷五十一・志第三十二・選舉一）

元代為進一步加強官方陰陽學對民間的影響、管理、控制及培育，除沿襲宋代、金代在司天監掌管陰陽學及中央的官學陰陽學課程之外，更在地方上增設陰陽學之課程（《元史・選舉志一》：「世祖至元二十八年夏六月始置諸路陰陽學。」）地方上也設陰陽學教授員，培育及管轄地方陰陽人。（《元史・選舉志一》：「（元仁宗）延祐初，令陰陽人依儒醫例，於路、府、州設教授員，凡陰陽人皆管轄之，而上屬於太史焉。」）自此，民間的陰陽術士（陰陽人），被納入官方的管轄之下。

至明清兩代，陰陽學制度更為完善。中央欽天監掌管陰陽學，明代地方縣設陰陽學正術，各州設陰陽學典術，各縣設陰陽學訓術。陰陽人從地方陰陽學肆業或被選拔出來後，再送到欽天監考試。（《大明會典》卷二二三：「凡天下府州縣舉到陰陽人堪任正術等官者，俱從吏部送（欽天監），考中，送回選用；不中者發回原籍為民，原保官吏治罪。」）清代大致沿用明制，凡陰陽術數之流，悉歸中央欽天監及地方陰陽官員管理、培訓、認證。至今尚有「紹興府陰陽印」、「東光縣陰陽學記」等明代銅印，及某某縣某某之清代陰陽執照等傳世。

清代欽天監漏刻科對官員要求甚為嚴格。《大清會典》「國子監」規定：「凡算學之教，設肄業生。滿洲十有二人，蒙古、漢軍各六人，於各旗官學內考取。漢十有二人，於舉人、貢監生童內考取。附學生二十四人，由欽天監選送。教以天文演算法諸書，五年學業有成，舉人引見以欽天監博士用，貢監生童以天文生補用。」學生在官學肄業、貢監生肄業或考得舉人後，經過了五年對天文、算法、陰陽學的學習，其中精通陰陽術數者，會送往漏刻科。而在欽天監供職的官員，《大清會典則例》「欽天監」規定：「本監官生三年考核一次，術業精通者，保題升用。不及者，停其升轉，再加學習。如能黽勉供職，即予開複。仍不及者，降職一等，再令學習三年，能習熟者，准予開複，仍不能者，黜退。」除定期考核以定其升用降職外，《大清律例》中對陰陽術士不準確的推斷（妄言禍福）是要治罪的。《大清律例・一七八・術七・妄言禍福》：「凡陰陽術士不許於大小文武官員之家妄言禍福，違者杖一百。其依經推算星命卜課，不在禁限。」大小文武官員延請的陰陽術士，自然是以欽天監漏刻科官員或地方陰陽官員為主。

官方陰陽學制度也影響鄰國如朝鮮、日本、越南等地，一直到了民國時期，鄰國仍然沿用着我國的多種術數。而我國的漢族術數，在古代甚至影響遍及西夏、突厥、吐蕃、阿拉伯、印度、東南亞諸國。

術數研究

術數在我國古代社會雖然影響深遠，「是傳統中國理念中的一門科學，從傳統的陰陽、五行、九宮、八卦、河圖、洛書等觀念作大自然的研究。……傳統中國的天文學、數學、煉丹術等，要到上世紀中葉始受世界學者肯定。可是，術數還未受到應得的注意。術數在傳統中國科技史、思想史，文化史、社會史，甚至軍事史都有一定的影響。……更進一步了解術數，我們將更能了解中國歷史的全貌。」(何丙郁《術數、天文與醫學中國科技史的新視野》，香港城市大學中國文化中心。)

可是術數至今一直不受正統學界所重視，加上術家藏秘自珍，又揚言天機不可洩漏，「(術數)乃吾國科學與哲學融貫而成一種學說，數千年來傳衍嬗變，或隱或現，全賴一二有心人為之繼續維繫，賴以不絕，其中確有學術上研究之價值，非徒癡人說夢，荒誕不經之謂也。其所以至今不能在科學中成立一種地位者，實有數困。蓋古代士大夫階級目醫卜星相為九流之學，多恥道之；而發明諸大師又故為惝恍迷離之辭，以待後人探索；間有一二賢者有所發明，亦秘莫如深，既恐洩天地之秘，復恐譏為旁門左道，始終不肯公開研究，成立一有系統說明之書籍，貽之後世。故居今日而欲研究此種學術，實一極困難之事。」(民國徐樂吾《子平真詮評註》，方重審序)

現存的術數古籍，除極少數是唐、宋、元的版本外，絕大多數是明、清兩代的版本。其內容也主要是明、清兩代流行的術數，唐宋以前的術數及其書籍，大部份均已失傳，只能從史料記載、出土文獻、敦煌遺書中稍窺一鱗半爪。

術數版本

坊間術數古籍版本，大多是晚清書坊之翻刻本及民國書賈之重排本，其中豕亥魚魯，或而任意增刪，往往文意全非，以至不能卒讀。現今不論是術數愛好者，還是民俗、史學、社會、文化、版本等學術研究者，要想得一常見術數書籍的善本、原版，已經非常困難，更遑論稿本、鈔本、孤本。在文獻不足及缺乏善本的情況下，要想對術數的源流、理法、及其影響，作全面深入的研究，幾不可能。

有見及此，本叢刊編校小組經多年努力及多方協助，在中國、韓國、日本等地區搜羅了一九四九年以前漢文為主的術數類善本、珍本、鈔本、孤本、稿本、批校本等數百種，精選出其中最佳版本，分別輯入兩個系列：

一、心一堂術數古籍珍本叢刊

二、心一堂術數古籍整理叢刊

前者以最新數碼技術清理、修復珍本原本的版面，更正明顯的錯訛，部份善本更以原色精印，務求更勝原本，以饗讀者。後者延請、稿約有關專家、學者，以善本、珍本等作底本，參以其他版本，進行審定、校勘、注釋，務求打造一最善版本，供現代人閱讀、理解、研究等之用。不過，限於編校小組的水平，版本選擇及考證、文字修正、提要內容等方面，恐有疏漏及舛誤之處，懇請方家不吝指正。

心一堂術數古籍 珍本 整理 叢刊編校小組

二零一三年九月修訂

墨蹟

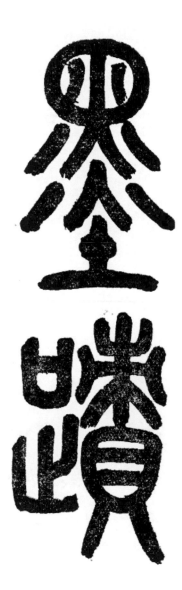

命譜敘言

科學名詞吾國古所未有由轉輾迻譯而來解之者曰凡為有系統之研究者是之謂科學並謂吾國奇门技術何一而非科學耶潤州袁樹珊先生以所輯命譜見示余曰是亦科學也命之理微孔子罕言而實知命疏食飲水富貴浮雲安命也修德講學徙義改過造命也兼是二者乃所以立人極茲譜所採賢不肖皆有之勸善懲惡之意寓焉先生前有述卜筮星相學推演而貫通之科學之精義昭然予世人以共見或疑為秘聞

隨己庚辰立春後二日王清穆敘旹年八十有一

寒夜敬讀

樹珊先生大著命譜詩以志佩希

正

過江名士匪虛聲學易能兼理數精一

自汝南逢許劭更從蜀道識君平（因秋帆介紹識君）

山中甲子閱庚辛市上兒童知姓名寒夜

翦燈看命譜舉頭明月悟虧盈

己卯臘月庸叟夔龍拜稿

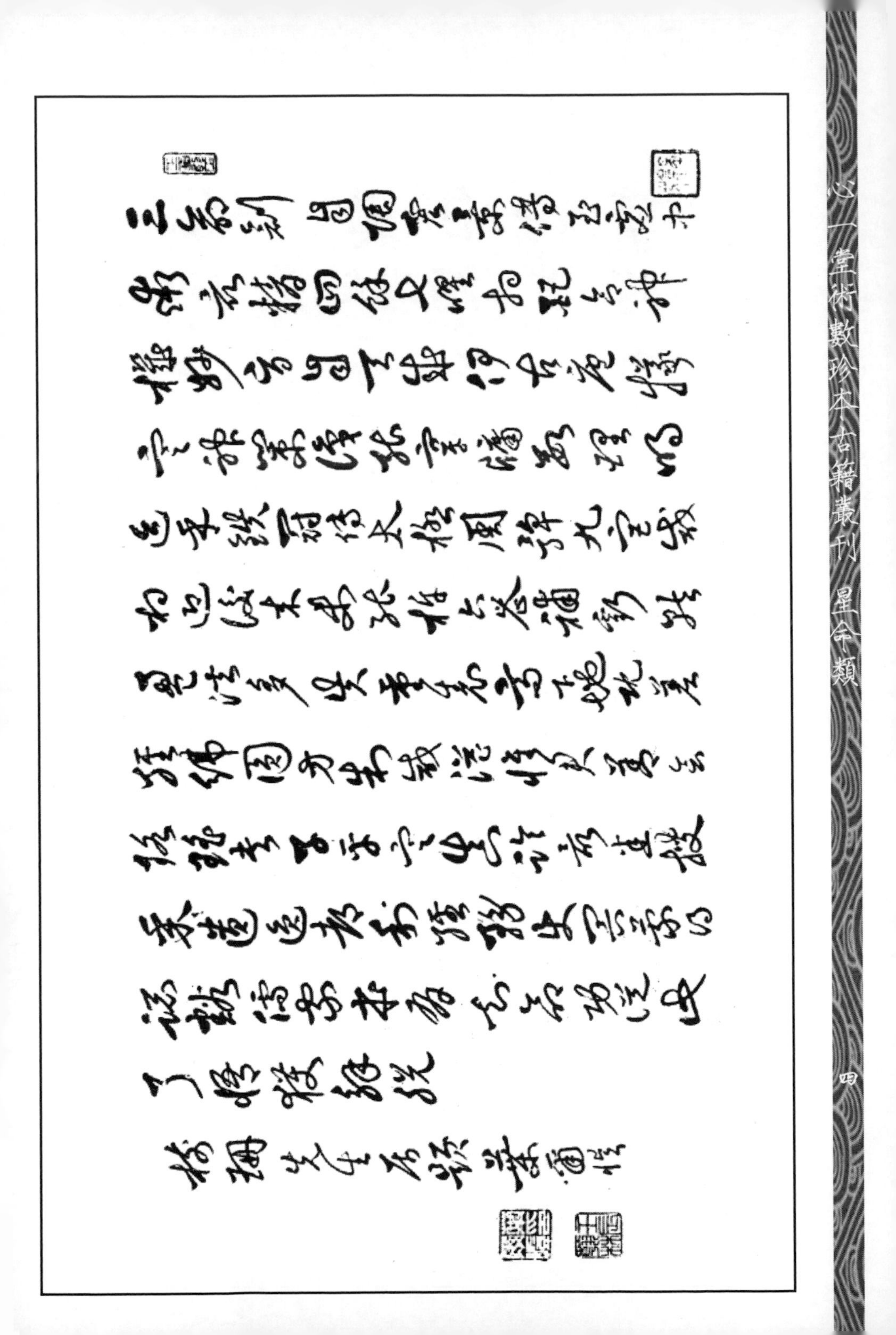

[illegible]

世累皆求享庸倫多安命
君相所無權造化已先定
小人昧居易徼倖事爭競
終各無所得身後留詬病
哀哉有家學大隱揚潤百
進羅古今易行究象基彰
往而參來是謂人若鏡鑒
集利祿徒知常順變正百
年祇一念請自擇狂聖

樹珊先生新撰命譜題

疚齋冒廣生

兩儀四象肇羲經，相尅相生判五行。從古達人貴知命，研求不厭十分精。

天罡學術有真傳，博引旁徵手自編。多少名人俱入彀，好將玄理語時賢。

己卯臘月奉題

樹珊先生命譜 孟齋龐元濟

樹珊先生大著

機參造化

周作民題

周作民

樹珊先生大著

知機其神

何千里題

何千里

高序

鎭江袁君樹珊。以醫卜世其家。而尤精於五行術數之學。聲譽滿大江南北。意其爲人必昂然自負。不可一世者。今年秋。與余相遇於滬上。挹其貌則謙和軒爽。聆其所論。則經經緯史。粹然一本於儒者。蓋絕非術數家流也。既而讀其所箸卜筮星相學等數種。皆宏博有理致。原原本本。殫見洽聞。益心欽異之。今又出其近箸一書。上始東周。下迄淸季。自孔子以下。聖賢仙釋。帝后將相。以及神奸巨憝。乞兒寒畯。共得百造。各附略歷論斷及詩文簡牘之類。名曰命譜。將印以行世。而屬序於余。夫命之理微矣。易曰。窮理盡性。以至於命。是則理之未能窮。性之未能盡。而欲遽至於命。未易言也。論語以命爲子所罕言。然而死生有命。道之行廢爲命。與不知命爲非君子。孔子固屢自言者。蓋皆由於窮理盡性而發者也。其與人罕言者。蓋恐窮盡之不易至。而有誤夫命者也。不然。吾生不有命在天。爲紂之所以亡。此豈有異於死生有命之說哉。左傳劉康公曰。民受天地之中以生爲命。是以有動作禮義威儀之節以定命。我竊思之。所謂民受天地之中以生者。乃天命之性之當盡者也。所謂有動作禮義威儀之節者。乃率性之理之當窮者也。夫不以吉凶禍福之遇於外者爲命。而以天地之中之受於天者爲命。故曰進以禮。退以義。得之不得曰有命。又曰修身以俟之。所以立命。又曰莫非命也。順受其正。知命者不立乎巖牆之下。而以盡其道而死者爲正命。此皆說命之精言。無可議者。惟我以爲從古之言命者。皆爲生之命。而尚未及夫死之命也。人之生也有盡。而性則無盡。身有生死。而性無生死。故我謂自今以後。人鬼之途大通。斯性命之學宜變。凡究心命理者。不但當詳稽乎生前。並當力推夫死後。夫生死者。事之至渺小者也。故言命而僅以有生爲限者。宜其貪生惡死。吉凶禍福之見。常憧擾於中。而人心遂日趨於下而不可救也。以孔子之至聖。若推究其壽。而祇及於區區七十三年者。眞不足與言命也矣。觀其譜曰。孔子

之壽。直億萬斯年也。豈尋常寢疾而終哉。我謂是理也。不特孔子爲然。凡非
常之人。苟其性不與生而俱盡者。皆當以此類推也。嗚呼。知此意也。乃可以
讀袁氏之書矣。己卯歲不盡五日金山吹萬居士高燮序於滬寓之格簃

王序

科學名詞。吾國古所未有。由轉輾迻譯而來。解之者曰。凡爲有系統之研究者。是之謂科學。然則吾國專門技術。何一而非科學耶。潤州袁樹珊先生以所輯命譜見示。余曰。是亦科學也。命之理。微。孔子雖罕言而實知命。疏食飲水。富貴浮雲。安命也。修德講學。徙義改過。造命也。兼是二者。乃可以立人極。茲譜所採。賢不肖皆有之。勸善懲惡之意寓焉。先生前有述卜筮星相學。推演而貫通之。科學之精義。昭然予世以共見。或疑爲祕聞陋已。

庚辰立春後二日王凊穆敍旹年八十有一

潘序

吾國命理。既言靜態。又言動態。實具有自覺精進之效能。與人類有莫大關係。是以歷久不磨。相沿勿替。今世之人。輒以不合科學目之。殊可哂也。然吾嘗涉獵諸科學家言人之書矣。生物示吾人以細胞。化學示吾人以原素。生理示吾人以器官。心理示吾人以反應。悉皆就人之某一部作靜態之研究。非言人之全貌也。卽推而至於哲學宗教教育社會諸書之涉及人類動態者。亦各有所偏。例如哲學偏於知。宗教偏於神。教育偏於學習。社會偏於團體。仍非言人之全貌也。全貌云者。非僅言人之形體所由成。必須涉及其生長與變遷。亦非僅言其認識環境之力。尤必須涉及其適應環境之道也。諸科學家之言人。語非不精審。第覺其偏於局部。亦非不詳盡。第覺其過於繁瑣耳。夫人之入世也。目的不過求生。求生之形態。僅有四端。其一曰生。其二曰變。其三曰覺。其四曰精進。前二者屬靜態。人與草木禽獸之所同。後二者爲動態。人之所獨有也。人之所以異於禽獸草木者。卽在其自覺與精進。二者相較。覺字尤重。因不覺則精進無由。不覺則雖生猶死也。吾嘗聞諸敎育家之言覺矣。其言曰。『學之爲言覺也。』卒有遍讀羣書。而不能治生者。甚至覺人之輩。有死於不自覺者。豈不可悲。又嘗聞諸宗敎家之所謂覺矣。閉居一室。萬事皆空。卽謂爲自覺。於世又何補也。他如哲學家之言覺。由疑而辯。由辯而疑。萬緒千端。莫衷一是。社會政治家之言覺。千百年來。僅得四字之結論。曰。「羣衆盲目」而已。噫。亦可哀也。吾今言此。非評論諸家之失。卽其所謂自覺覺人之道。爲眞實不虛。亦不過僅能應用於小團體中。若求一上智下愚。人人適用之自覺之方。舍命理而莫由。蓋命理之基礎爲「生」命理之推演爲「變」命理之眞意。卽在示人以自覺之方。俾得循規蹈矩而謀精進耳。人生之形態若是。命理亦莫非若是。生之形態不複雜。命之理論亦簡明。人生之形態爲實踐的。而非虛玄的。命理亦僅就人之實踐生活。

尋繹其理也。人不離乎生。卽不離乎命。命者處世之方生存之道也。道不可須臾離。惟待人以明之。古人言先覺覺後覺。卽斯意也。曩讀命書。卽心藏此意而未敢言。逮讀樹珊先生大著命理探原。至星家十要一節。掩卷三思。其中實有無限妙理。迴思近三百年中。命書不乏精湛之作。然亦僅言其推演之術而已。至爲星家闢一光明之道。爲信命者示一自覺之方。舍命理探原外。吾未之見也。今年春。先生復以其大著命譜見示。中述命造凡六十四。其編輯方法。首述命造生與變之理。次輯其人之詩文若干篇。選擇精詳。搜羅宏富。俾讀者於研究之外。得由著作想見其爲人。先生之意。不僅在示人以推命之方。尤在示人以生活之道。其所寫者爲事實。所示於吾人者。則古人生活之精神。命書如此。歎觀止矣。余不學。於命理未窺堂奧。茲就所及見者言之。未能形容此巨著於萬一也。己卯之春涇縣潘子端序於海上寄廬

趙序

吾鄉袁樹珊先生。精通星卜。著述等身。久已噪當時矣。去歲以避地來滬。戶限幾穿。偶出自著命譜示余。余披讀一過。不禁拍案叫絕。吾於是益知先生之所以造道湛深者。蓋有繇也。易有之曰。數往者順。知來者逆。蓋數往卽所以知來也。先生既於今人之命理。推其奧窔。原始要終。俾無所隱遁矣。乃於古人之命理。加以擘求。稽古居今。功愈邃而道愈顯。此所以名愈高也。命譜一書。歷數古人之生死榮枯。如燭照數計。如掌上紋。數往卽所以知來。著以爲譜。可謂難矣。此書一出。吾知凡於命理有擘究者。必將人手一編矣。讀畢。爰書數語歸之。卽以爲序。同里趙宗抃

冒序

疚齋居士曰。予讀袁氏命譜。而於諸葛亮岳飛張邦昌諸人。重有感也。其他人。則予略之矣。諸葛亮之於吳。主和者也。秭歸蹉跌。先帝崩殂。此誠不共戴天之仇也。然而亮既領益州牧。乃遣使聘吳。因結和親。遂爲與國。世未嘗以奸人目之者。以亮能以國家爲重。人民土地爲寶。將以校變通之道於將來也。岳飛之於金。主戰者也。其手疏言金人所以立劉豫於江南。蓋欲以中國攻中國。粘罕因得休兵觀釁。其復讎報國之志。雖至於解樞柄。死詔獄。而可表此心於皇天后土。讀金陀粹編者。蓋無不爲之嗚咽流涕焉。且夫和之與戰。所謂背道而馳者也。賣國非也。仇國亦非也。有亮之開誠心。布公道。則其和非賣國也。若夫成功則命也。有飛之不愛錢。不惜死。則其戰非仇國也。若夫成功則亦命也。彼張邦昌者。嘗舉進士矣。其在徽廟時。亦嘗專事游讌。黨附權奸。蠹國亂政矣。一旦國破而賚之以爲利。君辱而攘之以爲榮。北面拜舞。卽位僭號。彼豈眞權宜一時。以紓國難哉。爲宮室之美。妻妾之奉。所識窮乏得我焉已耳。至於身死潭州。爲天下僇。雖曰天命。不謂之自作孽焉不得也。是故邦昌者。行險徼倖者也。亮與飛者。居易俟命者也。讀命譜者。夫亦可知所擇矣。抑猶有進者。輓近以來。佻達學子。昌言廢孔。非聖無法。彝倫攸斁。不待外侮。識微者已知其爲戒矣。樹珊此書。以孔子爲楬櫫。使人知孔子一日不廢。中國一日不亡。此尤知天知人之道。質諸鬼神而無疑。百世以俟聖人而不惑者也。書凡八卷。得百人。先出六十四造。徵引羣籍。至一百八十四種。知命君子。庶瀏覽焉。疚齋居士撰。

楊序

粵以星命顓書。造端於鬼谷。定眞玉照。接武者景純。至李唐而大啓淵源。於是李虛中之祿命有千秋。張果老之星宗垂大業。迨夫二徐繼起。聿開命學光炎。東海西湖。創制明通元理。推之陶貞白珞琭之注。岳倦翁指迷之箋。雖皆假託以成名。要亦耆莧之精詣也。追維註喆。景仰苒賢。緬疊山賣卜橋亭。企君平成都市上。稱先則古。溯厥薪傳。吾獨不禁神往於司馬季主也。斯文未喪。來軫方殷。爰有樹珊袁子。京江布衣。食汝南之舊德。博覽羣書。懷古鏡以照人。精通命學。一廛設硯。竟日揮豪。列座傾聽。風雨晦明無虛夕。片言剖析。吉凶悔吝有眞詮。守吾儒父慈子孝之倫彝。發經訓知命樂天之義蘊。斯人斯詣。吾無間然矣。乃者以新纂袁氏命譜八弓見示。並屬爲弁簡之辭。其編目也。上起　至聖以開宗。下逮　先朝之遜國。其取材也。則有若聖賢仙釋焉。有若帝后將相焉。有若乞兒寒畯焉。更有若元惡大憝焉。外此則曰忠。

曰孝。曰節義。以及書也。畫也。醫與卜也。咸與列焉。一則表欽崇以昭嚮往。一則寓勸懲以儆方來。遐哉千古大文。夐矣名山盛業也。復也筆乏凌雲。文慚製錦。得識倉山於海上。春中之江上潮生。眷懷請業於樓頭。西子之湖頭月朗。

歲在屠維單閼小春月龍德紫微朗照良辰杭州豐華老人楊復見心氏拜敘於西蒲石路之蒲石山房時年七十有四

張序

夫今世言命理學者夥矣。以余所見。當推袁君樹珊爲祭酒。何則。余於吟諷簿書之餘。輒涉獵此道。垂三十年。而足跡遍南朔。遇此中人。無不接談。然非屬諸膚淺。則涉於虛妄。總之。皆未能深切讀書耳。惟袁君家學淵源。探賾索隱。以五行爲經緯。定三命之困亨。談言微中。雅俗共賞。況復本三綱五常之道。寓乎勸導啓誘之間。殆合管輅嚴遵爲一人。是以垂簾四十餘年。名滿海內。幾於婦孺皆知之焉。若夫彙其心得。筆之於書。出其緒餘。著之於篇。經世者已有五種。今又有命譜之作。使君於此不凡。吾無間然矣。余以李君崇甫之介。與袁君通音問者。凡五易寒暑。顧未謀面耳。今年冬仲。邂逅海上。相見恨晚。握手如平生歡。當出命譜全卷相示。余受而讀之。所載古人之造。若數家珍。且能將四部精華。融會貫通。凡所論斷。匠心獨運。此豈尋常日者。所能望其項背哉。吾知是書風行。匪惟可闡儒者有命之理。抑足破墨子無命之說。然則袁君者。蓋乃李虛中之功臣。而徐子平之傳人也歟。

中華民國廿九年歲次己卯嘉平月嘉應張應銘夷叔甫譔于滬瀆寄廬舜若多齋

李序

樹珊先生學有專長。爲吾鄉端士。所著命理六壬選吉及逃卜筮星相學等書。久已紙貴洛陽。風行海內。近因桑梓多故。息影滬濱。又將舊稿命譜。重加整理。印行問世。其中所載聖賢仙釋。帝后將相。富貴壽夭。忠奸賢愚等。造莫不引證詳明。推闡透闢。洵爲有益世道人心之鴻著。不僅爲知命俟命之君子。藉作參考已也。錫純於丙寅歲。服務金陵。曾偕魏梅蓀先生。走謁印光法師。法師喟然曰。性命之學。善惡爲歸。因果報應。毫髮不爽。錫純歷驗以來。愈覺斯言有味。偶閱家藏昔賢呂新吾閫範圖說。許止淨歷史感應統紀二書。認爲言言金石。字字珠璣。倘能人手一編。身體力行。未嘗不可挽回風俗。消弭刼運。惜坊難購覓。世少流傳。因是不辭綿薄。重校印行。遍贈知交。讀者莫不感化而欣賞之。樹珊先生命譜。明雖詳論生尅。實則隱寓勸懲。其費力之勤。用心之苦。與印光法師所言。誠不謀而合。卽證以呂許二賢之學說。亦似異而實同也。茲承索序。爰將鄙懷所欲言者。略贅於簡端。藉誌欽佩云爾。

民國己卯年嘉平月同里李錫純耆卿甫謹識於海上寄廬

梁序

梓鄉袁子樹珊。予之詩文老友也。少時讀書好古。發爲文章。頗有凌雲之概。既以時當末造。知世運不昌。乃棄制藝。下帷攻苦。探討龜策日者。及陰陽數理諸學。益以家世清貧。不得已以末藝爲餬口養親之助。豈其志歟。此爲知命之君子。不得志於時之苦衷也。以袁子之材之藝。遭際承平。以文章獵功名。飛黃騰達。亦不得謂之幸。奈何降格而爲方技。亦可慨也已。此無他。時也命也。雖有特達之資。不容與時命爭也。有心哉袁子也。身在草野。而心焉典籍。觀其於囂塵鬧市之中。潛心著述。深探遠索。藉命理之書。翼挽亂世人心於萬一。沙門所謂利己利他。卽此諦也。丁丑春。予擕家來滬。晤袁子。悉其賣卜謀生。而著書之志。仍未少懈。可心佩也。今年冬。袁子出所著命譜稾一册索題。予雖幼讀易而義多不解。至命理諸書。尤爲天人奧旨。予何敢妄作解人。第觀其所載命造。聖賢豪傑。將相乞兒。兼收並采。其志在慨言古今之窮通實有命在此。袁子之志。袁子之苦心也。至其搜羅之富。推算之艱。引證之詳。一一皆有根據。絕非向壁虛造之文可比。此袁子之學也。予以爲邵子著皇極經世之書。創先天之論。已爲千古之鉅作。而命譜尤爲前人所未有之著也。予既重其書。更重其人之志之學。不禁心喟而嘆曰。袁子之書。可以傳。可以無傳。蓋古今中外。人類禍福之原。皆始於一念。換言之。卽守分與不守分。安於命不安於命之別。夫舉世之人。至人人不守分。不安於命。其禍可勝言哉。命譜之書。所以明往古聖凡通塞之有命在。警夢之鐘。渡津之筏。其書傳之於世。有益而無害。若夫海宇澄清。雍熙之世。家給人足。人人皆樂天知命。無所用其勸勉。絕無非分之行。命理諸書。不獨可以無傳已也。質之達天知命之君子。以爲何如。

己卯冬十二月同里梁稼畦謹識於蝶邨借廬

蘇序

今之世界。一搶攘俶擾之世界。先聖昔賢所倡安分守己。順天知命之學。厄於生存競爭。優勝劣敗之新說。人鶩爲私。罔知公理。不知夫人事成敗利鈍。其中固自有天焉。申包胥曰。人定者勝天。天定亦能勝人。所貴安於義理。居易俟命。斯君子不失爲君子。小人枉自爲小人。往事如詔。史蹟昭然。嘗與吾友袁君樹珊尚論及之。樹珊今之有心人。世業儒。其尊人昌齡先生。精於醫。餘事卜筮。富著述。樹珊飫聆庭訓。設研賣卜垂四十餘年。所箸書說。風行當世。率皆樹義正大。有裨於世道人心。其立論也。與其譚命之時。與子言孝。與臣言忠。凡經口講指示者。莫不恍然開悟。弗迷所嚮之指相表裏。樹珊誠有心人哉。顧樹珊之用心猶未已。深慨夫世衰道微。命運之說。唾棄不談。爰又有命譜之輯。上自仁聖賢人。忠臣義士。中及德行道藝。專門名家。下逮奸邪畔逆。巨猾大慝。罔不搜羅抉摘。攷其身世。推其命造。以究其窮通得喪之繇。

以致其欽崇愛慕之誠。以極其悲傷痛惜之意。人各有傳。命各有評。更以嘉言懿行殿之。其所本率出之諸家年譜。或史傳所載。可謂洋洋大觀矣。樹珊語余曰。吾乏術以敎吾子孫。此編所錄先哲遺訓。將以爲吾子姪輩訓也。其用心如此。今令嗣福儒果能本其家學。上紹昌齡先生祖德。而以醫鳴。暇且講學上庠。爲中校長。收效之宏。有如此者。余知斯書一出。將以淑身者淑世。挽既倒之狂瀾。更以知命者知天。作渡迷之寶筏。其有功於名敎也。豈淺尠哉。

中華民國二十有八年歲在己卯同里蘇澗寬撰於海上寓廬

袁氏命譜自序

四庫全書總目子部譜錄類。所載之譜甚夥。不獨紙墨筆硯有譜。菊竹梅蘭有譜。卽微物如茗如菌。動物如蟹如蛇。亦各有譜。明顧容且著有冠譜。朱術珣且著有巾譜。雖曰鴻通博雅。細大不捐。然以明之劉念臺先生所著人譜例之。究有霄壤之判。蓋人譜一書。示人以超凡入聖之途。君子小人之別。其有裨於世道人心。非等閒也。樹珊不揣溝瞀。謹遵先聖君子居易俟命。小人行險徼幸之旨。曾著命譜八卷。上自東周。下逮淸季。採錄百人命造。悉以所生時代分後先。不以名位高下別次序。其間有聖賢仙釋。帝后將相。亦有忠孝節義。書畫卜醫。不獨神奸巨憝。皆探原立論。卽乞兒寒畯。亦並蓄兼收。語有根據。旨在勸懲。敢謂詳究四柱五行。品評富貴貧賤也哉。其體例。一姓名。二略歷。三生卒。四命式。五論斷。六附錄嘉言懿行。及其所著詩文。俾讀者知所法戒。勉爲君子。毋爲小人。此則區區之愚忱也。詎意丁丑冬。猝遭國難。京江皦廬。書籍衣服。固蕩然無存。卽屋宇什物。亦付之劫灰。近聞此稿。互相展轉。流至滬上。牟利之徒。擬更名印售。樹珊恐有失本眞。特將及門所錄副本。重加訂正。愼選六十四造。印行於世。俾與海內同好。共商搉之。署曰袁氏命譜。蓋本諸劉氏菊譜。史氏菊譜。略加識別。非好異鳴高也。或曰。命之一字。夫子罕言。子何嘵嘵爲哉。曰。罕言者。蓋深慮夫致遠恐泥。非竟不言也。觀於不知命無以爲君子一言。可以知聖人之微意。而況死生有命。富貴在天。子夏嘗聞諸夫子。豈虛言者哉。

中華民國二十八年夏曆己卯雨水後七日鎭江袁樹珊（原名阜以字行）自識於上海臥雪寄廬

題辭（謹以奉到先後爲序倘有賜寄較遲者容再續印）

貴陽 陳夔龍庸叟

過江名士匪虛聲。學易能兼理數精。一自汝南逢許劭。更從蜀道識君平。因秋帆介紹識君山中甲子閱庚蜉。市上兒童知姓名。寒夜翦燈看命譜。舉頭明月悟虧盈。

杭縣 葉爾愷柏皐

三命創自陶宏景。傳至虛中術最精。四餘七曜相配合。神機妙旨自天成。伊古庖犧定神策。識能穿漏數理明。迨乎鐵冠傳太極。周髀九宮咸相迎。後末未能析六壬。補虧就盈法多失。重表高下地既差。經緯圓方制咸溢。惟君善會珞琭書。子平定眞論最悉。搜采遺逸都利經。務使冥蒙得疏豁。儒家本有知命功。從此了悟獲解脫。

如皐 冒廣生疚齋

世界當承平。羣倫各安命。君相所無權。造化已先定。小人昧居易。徼倖事奔競。終焉無所得。身後留詬病。袁君有家學。大隱隱揚潤。百造羅古今。五行究衰盛。彰往而察來。是謂人為鏡。庶幾利祿徒。知常順受正。百年祇一念。請自擇狂聖。

吳興龐元濟虛齋

兩儀四象肇羲經。相剋相生判五行。從古達人貴知命。研求不厭十分精。

天罡學術有眞傳。博引旁徵手自編。多少名人俱入彀。好將至理詔時賢。

長沙許幹岑

數理之學今推子。命譜新摻溯聖賢。六十四篇符卦象。精心獨造信無前。

嘉應張應銘夷叔

金焦臥雪見淸神。氣象依然儒者眞。識命理微如管輅。知幾玄妙似嚴遵。朅來勸世敎聞道。老去居夷倘避秦。八卷新書心血寄。藏山還復有傳人。

江陰朱鳳嘉

子曰不知命。無以爲君子。可見古聖人。自昔參命理。命理何由參。或即羲經旨。故常學易年。知命從此始。胡乃罕言之。斯學中摧毀。秦漢迄六朝。無人會其指。有唐李虛中。創用干支紀。厥後徐子平。立法更完美。肇啓八字稱。遂成專門技。卓哉倉山翁。結髮受文史。餘事究天人。鑽研得精髓。垂簾效嚴遵。小隱隱廛市。巨眼識窮通。聲名振遐邇。筆墨飽生涯。著書竟原委。一編付棗梨。價貴洛陽紙。後學逮津梁。殊途同方軌。我來海上遊。相識風塵裏。立異以鳴高。祇自五行喜。撇却財官印。恐驚俗人耳。蕪詞題簡端。敢以質知己。

丹陽姜可生慧禪

袁君樹珊。曩居宜江上故宅。予服官蘇府日。偶一過談。知爲有心人也。比蒞莒海上。出新著命譜屬題。賦此奉政。

惟君善言命。縱論古今人。齊相生當午。周黎嘆不辰。五行關世運。八卷數家珍。品隲精嚴處。還同舊史臣。

丹陽林溯鴻直清

天地一陰陽。萬物賫化育。生化至不齊。運行有遲速。惟人性最靈。善惡分禍福。彭壽與齊殤。泰來否之伏。嗟彼古聖賢。時防車脫輻。死生亦大矣。變化如轉軸。居易以俟命。晚食堪當肉。時人多不知。風塵事競逐。袁子精五行。詩書藏滿腹。既解眼前榮。尤知身後祿。上下數千年。兼收而并蓄。大哉救世心。吾爲馨香祝。

丹陽韓景琦

久欽綵筆大如椽。學富五車今果然。盡性無非談易理。探微直欲繼太玄。六壬三命推亨否。撓甲羲爻別地天。草草題辭君莫笑。漫同窺豹祗求全。

吳縣金青元綬章

京江賣卜老袁絲。市隱君平頗識時。窮究天人耽奧易。好推性命著微詞。聖賢明達原非忝。奸慠迍邅自有期。風世箴言欽卓犖。待看紙貴振聾癡。

我亦深知命理微。五行生剋是耶非。帝王格局須詳究。仙佛支干寓化機。據典引經資考證。超凡入聖識從違。導師從此推袁子。後學商量得所依。

同里 徐國安靜仁

賈誼有云。古之聖人。不在朝廷。卽在卜醫。醫能療疾。卜可決疑。此等學術。至爲神奇。如入堂奧。便是先知。樹珊先生。醫而兼卜。卜憑蓍龜。命占星宿。歷四十年。發爲著錄。命譜其名。兼容並蓄。覩此宏篇。拳拳膺服。

同里 吳蘊齋

富貴與榮辱。升沈率由命。樂天自歗傲。絜己世無競。同邑有袁子。衍易占凶變。潛研爲指迷。聲譽日寖盛。探原眈著書。風靡餘子敬。更揭賢奸貌。命譜爲人鏡。迫喪振頹風。欽遲敢有詠。

同里 蔡蔚霞雲孫

同里丁　瑗遘卿

吉凶貞悔燭幾先。鑒往知來愈揭然。寄語俟時明分士。好持誠敬拜簾前。

閱史書名賀酒牛。日支苦覓後人求。時平倘見楹書返。再爲宏編助壤流。先修禮公收集年譜約百種今存天津

同里袁　樊安圃

榮枯知有定。洛下一篇崇。探賾窮今古。洞微判佞忠。觀人於史外。議命得環中。欲秉春秋筆。還酬濟世功。

同里柳肇嘉貢禾

詞苑迦陵未第時。金山相士術稱奇。今看風雨橋亭裏。海表聲名筆一枝。

江城一例付蠻烽。收拾叢殘隱半淞。孰正人心回世運。匹夫有責合言庸。

照案瓶梅已發花。故山松籟雜清笳。承君索和搔吟鬢。卻對松梅餞歲華。

同里鮑　鼎

帝王卿相原無種。袁子言之便有憑。倘使執鞭能致富。何爲疏水曲吾肱。
數往知來探造化。旁搜博覽又多能。若云人譜皆餘事。旨趣開明在勸懲。

同里季廉方伯康

兵燹子身在。松濱老臥雪。述作嘆星散。董删補殘缺。命理燭賢奸。刊成一家說。眞本聞流傳。叚借將爨榻。影戳能成名。僞孔何用折。死生雖由命。豈可自作孽。縱欲胡帝天。堯舜化紂桀。勸忠以激孝。條貫誠餘啜。私淑有心人。藐藐猶饒舌。

同里丁若農灌子

大塊時同運不同。人生際會本西東。武侯興漢成空夢。季子拋家類轉蓬。得失由來歸造化。英雄終古有窮通。先生幸握如椽筆。仔細安排振聵聾。

杭縣王煦林

文字因緣儒釋心。勸忠勵孝古君平。誰云哲學廣陵散。命譜居然集大成。

箴時諷世筆驚人。指點迷津片語珍。引古證今誨不倦。應知李王是前身。

鼎鼎大名播海圻。人能弘道未全非。先生抉盡元黃祕。天地古今入範圍。

當年若果掇巍科。那有閒情著道書。利鎖名韁擺未脫。幾人能博此聲譽。

江都　周鍾驊開衢

高名二十滿江東。一眎能敎萬象空。學富五車諳道味。儒林隱逸併稱雄。

隱市君平常樂道。育才大地鼓春風。紛紛舉世成棋刼。不朽文章誰與同。

同里　李正學崇父

觥觥大集殺青時。且勸先生進一卮。大義微言滴天髓。包今統古振坤維。聖賢豪傑胥關命。忠孝奸邪各異資。除却君平與司馬。疊山而後見袁絲。

同里　蘇瑩輝

箸作如林書等身。於今尚論古之人。窮通得喪非無故。卦象爻辭自有眞。端賴筆能參造化。尤欽道善指迷津。羣分類聚平章允。法戒昭然永式遵。

漫云小道未堪觀。卜讖方知天地寬。蜀市垂簾明易理。橋亭布卦辨賢奸。包羅爻象重雙八。經緯乾坤核萬端。料得洛陽應紙貴。高名令德紹袁安。

同里 張萬石 少琴

將相自將相。乞兒自乞兒。等殊有命在。禍福自求之。 命理參玄妙。潛心著述精。古今大手筆。第一是先生。

同里 李鴻澤

四庫全書多譜錄。言人言物類繽紛。君山秉筆談天命。董子潛心著錦文。貴賤忠奸知次第。聖賢仙釋敍攸分。吉凶悔吝皆關數。八卷新編海上聞。

江都 黃進賢 仲九

最難風雨故人來。數理精通善翦裁。避難相逢天作合。幸依近水好樓臺。

春來萬象盡更新。富貴無憑命有憑。百世可知君卓識。茫茫無古亦無今。

受業 袁開甲 伯仙

知命爲君子。吾師述聖言。五行辨生剋。百造探根源。舊稿百造今僅發表六十有四 附錄詩文
富。詳觀笑語喧。一編堪壽世。安用乘高軒。

袁氏命譜例言

一宋蘇易簡撰文房四譜。筆譜二卷。硯譜。墨譜。紙譜。各一卷。而筆格水滴附焉。各述原委本末。及其故實。殿以詞賦詩文。合爲一書。本書略仿其例。一姓名。二略歷。三生卒。四命式。五論斷。六附錄嘉言懿行。及詩文簡牘。凡有裨於國計民生。地方風俗。以及書畫卜醫者。悉採錄之。

一本書所論六十四造。各具略歷。取材不止一書。雖文字間有改易。而事實則無變更。但不能逐句載明出自某書。爲此另列徵引書目。以資參證。至於略歷中涉及地名者。因時代不同。人難索解。故特依據專書。稍加註釋。藉便瀏覽。

一本書所載聖賢仙佛。帝后將相。以及神奸巨憝。乞兒寒畯等造。其生卒年月等。或據國史。或據文集。或據年譜。均一一載明。間有闕疑。而就管窺蠡測者。亦詳爲聲敍。俾同志正之。

一惟命之法。古今不同。詩小弁云。我辰安在。箋云。生所値之辰。謂六物之吉凶。左傳昭七年。伯瑕云六物。歲時日月星辰。按歲卽太歲時卽四時。日卽日主。月卽十二月。星卽木火土金水之五星。（書云五行）辰卽十二時。（書云日月歲時）此古法也。漢魏晉人推命之法。只重生日胎元所値星宿。唐人又有佛法回回法。論北斗九星。及十二宮二十八宿者。至李虛中始以人所生年月日所直日辰。（辰・卽時也・詳見閱微草堂筆記・）枝幹五行。勝衰死生。互相斟酌。推人貴賤壽夭利不利。五代徐居易子平。乃用年月日時。胎定人吉凶。宋時通用徐子平術。而減去胎。本書論命以古法歲時日月星辰爲體。以李虛中五行勝衰死生爲用。減去胎元。則本諸宋人。重視宮限。則專憑樹珊之四十餘年經驗也。其他漢魏晉唐値宿九星等法。概置不論。免滋龐雜。

一禮記月令篇云。其日甲乙。其日丙丁。言天幹也。日在營室。亥。日在奎。戌。言太陽。言地枝也。盛德在木。盛德在火。言五行也。先立春三日。先立夏三日。

言氣也。東風解凍。蟄蟲始振。螻蟈鳴。螻蟈小蟲，生穴土中，好夜出，今人謂之土狗，是也。蚯蚓生。言候也。其數八。其數七。言數也。至云春夏秋冬孟仲季所行之令種種乖戾。按其意義。有盜洩者。有尅伐者。有資生者。要不外太過固非。不及亦否。中和斯可貴耳。中庸有云。中也者。天下之大本也。和也者。天下之達道也。此二語。堪爲論命之金科玉條。易云。裒多益寡。稱物平施。蓋亦求其中和也。如木盛而得土金。木衰而得水火。火盛而得金水。火衰而得木土。則木火之功用成矣。即中和也。反此。非太過。即不及。既失中和。能無乖戾。故本書論命。以日爲主。先詳氣數。測其五行盛衰。繼察刑衝破害。觀其一生否泰。然後再以卑高剛柔。順逆美惡。定其忠奸賢愚。貴賤壽夭。其他虛無飄渺。穿鑿牽強之格調。一概屏除。以歸簡易。至於吉神與日主無情者。不以吉論。凶煞與日主有情者。不以凶言。此又當消息盈虛。神明變化。未可膠固也。

一本書論命。專就木火土金水之五行發揮。蓋水火二行有氣。土木金三行有質。皆可目覩。與比食財官印之理想名詞。僅可耳聞者不同。舊書每云。比肩要逢官殺制。又云。日幹無氣。遇劫爲强。又云。用之食神不可奪。食神最喜刼財鄉。又云。傷官傷盡最爲奇。傷官用印宜去財。滿紙名詞。顚之倒之。按其形態。殊難表見。樹珊曩著命理探原。對此名詞。卽感沈悶。雖曾不揣固陋。證以人事。將此名詞。一一解釋。然究不若暢談五行物理與鑒別利弊之爲愈也。

一本書品評各造。不獨詳論甲乙屬木。丙丁屬火之正五行。而尤注意甲己化土。己甲化土。乙庚化金。庚乙化金之化氣五行。其他納音五行。三合五行。六合五行。亦有重大關繫。不可偏廢。故兼籌並顧焉。

一命宮幹枝二字。與人所生年月日時之八字。同時成立。終身決無變更。小限幹枝二字。雖從命宮開始。以次逆行。然猶一年一易。故命宮之吉凶。關繫一生。小限之吉凶。則僅關繫一年。本書於此。特致意焉。

一本書命宮之幹。從生年天幹起。小限幹枝。悉從命宮起。如辛年生人。命宮在午。用五虎遁法。古歌云。丙辛必定尋庚起。寅上起庚。以次順行。卯上值辛。辰上值壬。巳上值癸。午上值甲。卽命宮甲午。是也。命宮如爲甲午。則一歲之小限。亦必爲甲午。以次逆行。二歲癸巳。三歲壬辰。四歲辛卯。至十一歲甲申。二十一歲甲戌。三十一歲甲子。四十一歲甲寅。五十一歲甲辰。六十一歲又值甲午。如此推排。一年一易。則小限幹枝。循環無端矣。廿六年前。拙著命理探原。謂爲欲知某限之幹。再以本流年之幹遁之。其法雖捷。猶有扞格。歷試以來。始覺昨非。茲特改正。惟知音鑒之。

一本書附錄。所採嘉言懿行。及其人所著詩文。大之可利家國。小之可益身心。皆爲樹珊素所服膺。卽在家庭督課時。亦恆三復言之。故不忍舍旃。特爲選擇如干。刊明出處。俾資攷索。識者幸毋以繁重譏之。

一本書舊稿所錄。上自東周。下逮清季。計有百造。此編僅選六十有四。其未列之三十六造。姓名生卒。仍載編首。以備遺忘。海內　鴻博。倘不吝珠玉。多方教正。或推而廣之。再著續編。尤爲深幸。

徵引書目 略以徵引先後爲次

易經	史記	孟子
春秋繁露	聖祖御製文集	先聖生卒考
四書人物考	孔子年譜輯註	孔子家語
孔子編年	楹聯叢話	後漢書
千百年眼	堅瓠集	漢天師世家
癸巳存稿	七修類稿	池北偶談
蟲鳴漫錄	關帝全集	蜀志
諸葛忠武集	武侯年譜	通志略
名人生日表	忠武祠墓志	太玄經
呂氏春秋	漁洋精華錄	晉書
全晉文	茅山志	梁書

全梁文　唐書　唐詩紀事
唐文粹　韓昌黎集　呂祖彙集
呂眞仙文集註釋　全唐文　仙史
神仙傳　宋史　范文正集
范文正年譜　五朝名臣言行錄　東軒筆錄
避暑錄話　蠡勺編　歐陽文忠集
歐陽文忠年譜　林下偶譚　伊川擊壤集
小學集註　童蒙訓　遯翁隨筆
席上腐談　朱子語類輯略　王臨川集
王荊公年譜　焦氏筆乘續集　金山志
蘇文忠集　蘇文忠年譜　唐宋八家尺牘
林下淸錄　南潯楛語　黃山谷集

小學弦歌　甕牖閒評　曲侑舊聞
三命通會　揮麈錄　岳鄂王集
癸巳類稿　朱子文集　朱子年譜
歷代名人生卒錄　謝疊山集　眞文忠集
眞文忠年譜　三命指迷賦　文信國集
文文山年譜　陸忠烈年譜　歸田詩話
元史　子平大全　松雪齋集
劉誠意集　郁離子　庚已編
新知錄摘抄　明史　明紀事本末
明紀　明良記　簪雲樓雜說
蒹葭堂雜著摘抄　明文在　王陽明全書
陽明年譜　舌華錄　楊椒山全集

椒山年譜	戚少保年譜	人譜類記
紀效新書	練兵實紀	鬱岡齋筆麈
六科準繩	晝禪室隨筆	貳臣傳
盧忠肅集	黎洲年譜	南雷文約
南雷詩歷	黎州思舊錄	文子
白虎通	揚子	莊子
朱柏廬毋欺錄	張文貞年譜	江蘇詩徵
經世文編	茶餘客話	滴天髓
琴堂五星	聖諭廣訓	庭訓格言
淸皇室四譜	命理約言	滴天髓闡微
高宗御製詩集	淸帝外紀	碑傳集
紀文達集	紀文達家書	畢弇山年譜

汪輝祖年譜	學治臆說	病榻夢痕錄
碑傳補	洪北江年譜	洪北江集
黃仲則年譜	兩當軒詩集	阮氏家譜
揅經室集	鷗陂漁話	冷廬雜識
林文忠年譜	林文忠家書	曾文正集
曾文正年譜	子樓隨筆	鋤經書舍零墨
胡文忠年譜	左文襄年譜	左文襄家書
續碑傳集	彭剛直家書	彭剛直詩集
馬端敏年譜	李文忠家書	近人詩錄
命學新義	丁松生年譜	松夢寮詩稿
張文襄詩集	勸學篇	張文襄家書
五續疑年錄	清史稿	清代名人傳

康南海傳　南海詩文集　太平御覽
六硯齋二筆　匏翁家藏集　楓山集
古今事物考　淸朝全史　冶城遺集
林文忠詩鈔

袁氏命譜目錄 凡六十四造謹依誕生先後爲序

卷四

卷八

端方六四

本編末列之三十六造姓名生卒補載於此

高貴鄉公姓曹氏名髦字彥士文帝孫東海定王霖之子年二十

魏齊王芳正始二年辛酉九月二十五日子時生見魏志本紀注

魏甘露五年庚辰五月初七日被弒見魏志本紀

羅隱本名橫字昭諫浙江新登人年七十七

唐文宗太和七年癸丑正月二十三日辰時生見年譜

梁太祖開平三年己巳十二月十三日巳時卒即吳越天寶二年己巳

富弼字彥國河南人年八十

宋眞宗景德元年甲辰正月二十日巳時生見名人生卒錄

宋神宗元豐六年癸亥八月卒見宋史卷三百十三本傳

蔡京字元長興化仙游人年八十

宋仁宗慶曆七年丁亥正月十七日亥時生見池北偶談

宋欽宗靖康元年丙午貶徙韶儋二州行至潭州死見宋史卷四百七十二奸臣本傳

陸游字務觀越州山陰人年八十六宋史載嘉定二年卒年八十五非是

宋徽宗宣和七年乙巳十月十七日卯時生見年譜

宋寧宗嘉定三年庚午卒劍南詩稿卷八十五有云嘉定三年正月後不知幾度醉春風

陸九淵字子靜江蘇吳縣人年五十四

宋高宗紹興九年己未二月二十四日辰時生見年譜

宋光宗紹熙三年壬子十二月十四日午時卒

張楠字神峯號西溪逸叟江西臨川人著有命理正宗一書載入圖書集成年六十餘

明武宗正德九年甲戌五月十三日丑時生見正宗卷二第十八

明神宗萬曆。□年卒

萬民英號育吾大寧都司茂山衛右所軍籍湖廣江夏人嘉靖二十九年庚戌三甲進士著有三命通會載入四庫全書

明世宗嘉靖元年壬午十二月十八日戌時生見通會卷六第二十七

卒年待考

袁宏道字中郎公安人見明史卷二百八十八文苑本傳

明穆宗隆慶二年戊辰十二月初六日子時生見通會卷九第二十六

卒年待考

劉宗周字起東一作啓東初名憲章宗周其字也別號念臺又號蕺山長者浙江山陰人年六十八

明神宗萬曆六年戊寅正月二十六日卯時生見年譜

明福王弘光元年乙酉閏六月初八日戌時卒

錢謙益字牧齋號受之江南常熟人年八十三

明神宗萬曆十年壬午九月二十六日子時生見通會卷九第五十

清聖祖康熙三年甲辰五月二十四日卒見碑傳補卷四十四

黃道周字幼玄又字細遵號石齋漳浦人年六十二

明神宗萬曆十三年乙酉二月初九日丑時生見年譜

明穆宗隆武元年丙戌三月初五日就義

倪元璐字玉汝別號鴻寶又號園客浙江上虞人年五十二

明神宗萬曆二十一年癸巳閏十一月十六日辰時生見年譜

明毅宗崇禎十七年甲申三月十九日辰時殉難

王夫之字而農別號薑齋問字者稱為船山先生湖南衡陽人年七十四

明神宗萬曆四十七年己未九月初一日子時生見年譜

清聖祖康熙三十一年壬申正月初二日辰時卒

李之芳號鄴園山東武人年七十三

明熹宗天啓二年壬戌八月十八日卯時生見年譜

清聖祖康熙三十三年甲戌十一月初二日未時卒

查慎行字悔餘初名嗣璉字夏重後更今名號他山又號查田晚築初白菴以居學者稱初白先生浙江海寧人年七十八

清世祖順治七年庚寅五月初七日酉時生見年譜
清世宗雍正五年丁未八月三十日辰時卒

張廷玉字衡臣安徽桐城人年八十四
清聖祖康熙十一年壬子九月初九日辰時生見年譜
清高宗乾隆二十年乙亥三月二十日卒見碑傳集卷二十二第十六

錢陳羣字主敬又字集齋號香樹又號修亭晚號柘南居士浙江嘉興人年八十九
清聖祖康熙二十五年丙寅五月二十九日午時生見年譜
清高宗乾隆三十九年甲午正月初七日午時卒

厲鶚字太鴻號樊榭自號南湖花隱浙江錢塘人年六十一
清聖祖康熙三十一年壬申五月初二日辰時生見年譜
清高宗乾隆十七年壬申九月十一日辰時卒

全祖望字紹衣亦作昮號謝山浙江鄞縣人年五十一

清聖祖康熙四十四年乙酉正月初五日亥時生見年譜

清高宗乾隆二十年乙亥七月初二日寅時卒

曹錫寶字鴻書又字劍亭江蘇上海人年七十四

清聖祖康熙五十八年己亥十一月初三日辰時生見年譜

清高宗乾隆五十七年壬子正月十九日亥時卒

朱筠字竹君一字美叔號笥河順天大興人年五十二

清世宗雍正元年己酉六月初六日丑時生見年譜

清高宗乾隆四十六年辛丑六月二十六日丑時卒

錢大昕字及之又字曉徵號辛楣又號竹汀江蘇嘉定人年七十七

清世宗雍正六年戊申正月初七日戌時生見行述

清仁宗嘉慶九年甲子十月二十日申時卒

釋際醒字徹悟一字訥堂又號夢東京東豐潤縣人今屬河北省族姓馬年七十七

清高宗乾隆六年辛酉十月十四日未時生見碑傳補卷五十八第十九

清仁宗嘉慶十五年庚午十二月十七日申時卒

孫星衍字淵如江蘇武進人年六十六

清高宗乾隆十八年癸酉九月初二日辰時生見年譜

清仁宗嘉慶二十三年戊寅正月十二日卯時卒

姚文田初字經田號秋農別號梅漪老人浙江歸安人嘉慶四年己未成進士殿試一甲一名著有邃雅堂集[illegible]書考及天文五行雜占醫經皆藏於家年七十

清高宗乾隆二十三年戊寅七月二十六日寅時生見續碑傳集卷八第十八

清宣宗道光七年丁亥十一月十一日酉時卒

張崟字寶巖號夕庵又號且翁江蘇丹徒人年六十九〇崟音吟凡地高峻者曰崟

清高宗乾隆二十六年辛巳四月初二日申時生見年譜

清宣宗道光九年己丑十月二十九日亥時卒

李兆洛字紳琦吏字申耆晚號養一老人江蘇陽湖人年七十三

清高宗乾隆三十四年己丑九月二十四日亥時生見續碑傳集卷七十三第十三

清宣宗道光二十一年辛丑七月初八日巳時卒見年譜

梁列女名德繩號楚生兵部車駕司主事德清許宗彥元配著有古春軒詩草年七十七

清高宗乾隆三十六年辛卯十月初五日卯時生見碑傳補卷五十九第廿六

清宣宗道光二十七年丁未三月初八日子時卒

賀長齡字耦耕號西涯晚號耐庵湖南善化人年六十四

清高宗乾隆五十年乙巳二月初八日戌時生見續碑傳集卷二十四第三

清宣宗道光二十八年戊申六月初六日巳時卒

汪喜荀初名喜孫字孟慈號荀叔江蘇甘泉人年六十二

清高宗乾隆五十一年丙午七月十六日巳時生見行述

清宣宗道光二十七年丁未八月初三日巳時卒

彭蘊章字琮達一字詠莪江蘇長洲人年七十一

清高宗乾隆五十七年壬子七月初七日卯時生見年譜

清穆宗同治元年壬戌十一月初九日亥時卒

駱秉章字籲門又號儒齋廣東花縣人年七十五

清高宗乾隆五十八年癸丑三月十八日子時生見續碑傳集卷五第八

清穆宗同治六年丁卯十一月卒

張亮基字石卿江蘇銅山人年六十五

清仁宗嘉慶十二年丁卯十二月初八日寅時生

清穆宗同治十年辛未卒

王孝子名恩晉字仲蕃江蘇高郵人年二十

清宣宗道光十三年癸巳二月初九日寅時生見碑傳補卷二十四第十三

清文宗咸豐二年壬子十二月初四日午時卒

董福祥字星五隴東固原人年七十

清宣宗道光十九年己亥十二月初五日酉時生見碑傳補卷三十第十六

清德宗光緒三十四年戊申正月初九日亥時卒

鎮江　袁樹珊著

至聖先師孔子一

周。姓孔氏。名丘。字仲尼。魯之陬人。陬音鄒。論語作郰。即今山東省曲阜縣。父叔梁紇。娶魯之施氏。生九女。無子。其妾生孟皮。有足疾。乃求婚於顏氏。顏氏有三女。季曰徵在。妻之。禱於尼丘。得孔子。生而首上圩頂。故名曰丘。字仲尼。三歲父喪。及長。雖貧賤而恭愼逾常。景王己巳。年二十始爲委吏。繼爲乘田。敬王庚子。年五十。爲中都宰。進爲司空司寇。丙午。年五十七至乙卯。年六十六。忽而去衞適晉。忽而之宋。反魯。忽而遇桓魋之難。魋徒回切。音頹。忽而困陳蔡之間。至敬王四十一年壬戌。夏四月己丑卒。壽享七十有三。要之。孔子爲儒家之祖。初仕於魯。攝行相事。其後不用。遂周流四方。歸魯。刪詩書。定禮樂。贊周易。修春秋。以傳先王之道。弟子三千人。身通六藝者。七十有二。唐開元二十七年己卯。追謚文宣王。贈弟子各公侯伯。宋大中祥符元年戊申。加謚至聖文宣王。元大德十年丙午。加號大成至聖文宣王。明嘉靖九年庚寅。改稱至聖先師。從祀諸賢。故所封爵皆罷去。清順治二年乙酉。定文廟謚號爲大成至聖文宣先師孔子。十四年丁酉。改稱至聖先師孔子。

周靈王廿一年魯襄公廿二年　卽庚戌之歲　孔廣牧生卒考云周正冬十月庚子　卽夏曆八月廿八日　薛方山四書人物考云

周敬王四十一年魯哀公十六年　卽壬戌　周正四月十一日己丑　卽夏曆二月十一日　生卒考云或謂　午時卒

甲申時生

庚戌　命　六歲十六　丙戌丁亥

乙酉　宮　二六三六　戊子己丑

庚子　戊　四六五六　庚寅辛卯

甲申　子　六六七六　壬辰癸巳

春秋繁露云。凡物必有合。合必有上。必有下。必有左。必有右。必有前。必有後。

必有表。必有裏。有美必有惡。有順必有逆。此數語。固爲修己治人之要道。而尤爲談命學者所當詳究也。謹按至聖先師之造。日主之庚爲陽。在正五行本屬金。月幹之乙爲陰。在正五行本屬木。今庚乙並列。相近相親。左右聯合。水乳交融。不獨庚字變爲化氣五行之陽金。卽乙字亦變爲化氣五行之陰金矣。年幹値庚。在正五行本屬金。時幹値甲。在正五行本屬木。此其表也。庚能引乙。又變爲化氣之金。甲能引己。又變爲化氣之土。此其裏也。時枝申。月支酉。年支戌。會合一氣。聯爲西方金局。雖曰地枝居下。實與天幹在上之庚乙化金。同氣相求。同聲相應。格局純眞。毫無疑義。(此名西方一氣格。又名庚乙化金格。)雖日枝之子居前。暗中藏癸。命宮戊子居後。暗中化火。亦不妨事。蓋誕生之際。節過白露。化金得令。化火無權。小人道消。君子道長。有美無惡。有順無逆。此誠明齊日月。量合乾坤之造也。惜運途蹇滯。疊經坎坷。當三歲之際。歲逢壬子。竟遭聖父叔梁公之喪。二十四歲。歲逢癸酉。聖母顏氏。又復棄養。此無他。乃子癸引戊化火肆虐也。十九歲。迎娶夫人亓官氏。（亓官一作上官亓讀若箕・）二十歲生子伯魚。及初仕爲委吏繼爲乘田。此無他乃丁運引壬化木見功也。至於五十一歲爲中都宰。五十二三歲爲司空。進位司寇。攝行相事。與聞國政。三月魯國大治。此皆庚寅二運。同爲化金喜神。有以致之也。及至五十七至六十六歲。忽而主衞適晉。忽而之宋反魯。忽而遇桓魋之難。忽而困陳蔡之間。此皆辛卯二運。同爲化金之忌神。有以致之也。及至六十七歲。夫人亓官氏卒。六十九歲。子伯魚卒。更覺歲逢丙辰。與生年庚戌抵觸。歲逢戊午。與生日庚子抵觸。有以致之也。七十三歲大運逢辰。既落空亡。又與太歲壬戌互相衝擊。是以寢疾七日而終。魯哀公誄之曰。天不遺耆老。莫相予位焉。嗚呼哀哉尼父。（按此據孔子編年・與史記稍異・）降及前淸。聖祖仁皇帝。猶御製贊言。其序有云。粤稽往緒。仰遡前徽。堯舜禹湯文武。達而在上。兼君師之寄。行道之聖人也。孔子不得位。窮而在下。秉刪述之權。明道之聖人也。行道者勳業炳於一朝。明道者敎思周於百世。堯舜文武之後。不有孔子。則學術紛淆。仁義湮塞。斯道之失傳也久矣。後之人而欲探二帝三王之心法。以爲治國平天下之準。其奚所取衷焉。然則孔子之爲萬古一人也審矣。觀於此。孔子之壽。直億萬斯年也。豈尋常之寢疾而終者哉。

附錄

聖父叔梁公葬於防山。聖母顏氏合葬於此。在兗州曲阜縣東二十五里。年譜

輯註

委吏。孔子嘗爲委吏矣。曰。會計當而已矣。孟子

乘田。孔子嘗爲乘田矣。曰。牛羊茁壯而已矣。孟子

孔子初仕爲中都宰。制爲養生送死之節。長幼異食。强弱異任。男女別塗。路無拾遺。器不雕僞。四寸之棺。五寸之槨。因邱陵爲墳。不封不樹。行之一年。而四方之諸侯則焉。家語相魯解

魯司寇。掌盜賊刑罰之職。向爲臧氏官。權亞三卿。故孔子爲之三月大治。若使早任。則魯早治矣。編年

景公問政。孔子曰。君君臣臣。父父子子。景公曰。善哉。信如君不君。臣不臣。父不父。子不子。雖有食。吾豈得而食諸。他日又復問孔子。孔子曰。政在節財。景公說。

葉公問政。孔子曰。政在來遠附邇。他日葉公問孔子於子路。子路不對。孔子聞之曰。由爾何不對曰。其爲人也。學道不倦。誨人不厭。發憤忘食。樂以忘憂。不知老之將至云爾。

孔子晚而喜易。序彖繫象說卦。讀易韋編三絕。曰。假我數年。若是我於易則彬彬矣。以上史記孔子世家

商瞿年三十八無子。吾此吾指商瞿。以下倣此。母爲吾更取室。夫子使吾之齊。母欲請留吾。夫子曰。無憂也。瞿過四十。當有五丈夫。今果然。編年

孔子絕糧七日。外無所通。藜羹不充。從者皆病。孔子愈慷慨。講誦弦歌不衰。

子路作色曰。昔者聞諸夫子。爲善者天報之以福。爲不善者天報之以禍。今夫子積德懷義。行之久矣。奚居之窮也。子曰。由未之識也。吾語汝。夫遇不遇者。時也。賢不肖者。才也。君子博學深謀而不遇時者。衆矣。何獨某哉。且芝蘭生於深林。不以無人而不芳。君子修道立德。不爲窮困而敗節。爲之者人也。生死者命也。家語在厄解

古者包犧氏之王天下也。仰則觀象於天。俯則觀法於地。觀鳥獸之文。與地之宜。近取諸身。遠取諸物。於是始作八卦。以通神明之德。以類萬物之情。

昔者聖人之作易也。將以順性命之理。是以立天之道曰陰與陽。立地之道。曰柔與剛。立人之道曰仁與義。兼三才而兩之。故易六畫而成卦。分陰分陽。迭用柔剛。故易六位而成章。

易有聖人之道四焉。以言者尚其辭。以動者尚其變。以制器者尚其象。以卜筮者尚其占。

天一地二。天三地四。天五地六。天七地八。天九地十。此言天地之數。陽奇陰耦。卽河圖也。一三五七九皆奇。故屬天。二四六八十皆耦。故屬地。

天數五。地數五。五位相得。而各有合。天數二十有五。地數三十。凡天地之數。五十有五。此所以成變化而行鬼神也。一三五七九天數。奇也。二四六八十。地耦也。一與二。三與四。各以奇耦爲類。而自相得。一與六。三與八。皆兩相合。二十五者。五奇之積。三十者五耦之積。變化。謂一變生水。六化成之。二化生火。七變成之。三變生木。八化成之。四化生金。九變成之。五變生土。十化成之。鬼神。謂凡奇耦生成之屈伸往來者。

天尊地卑。乾坤定矣。卑高以陳。貴賤位矣。動靜有常。剛柔斷矣。方以類聚。物以羣分。吉凶生矣。在天成象。在地成形。變化見矣。

易與天地準。故能彌綸天地之道。

與天地相似。故不違。知周乎萬物。而道濟天下。故不過。旁行而不流。樂天知命。故不憂。安土敦乎仁。故能愛。

子曰。易其至矣乎。夫易聖人所以崇德而廣業也。知崇禮卑。崇效天。卑法地。

窮理、則智崇如天而德崇。循理、則禮卑如地而業廣。

子曰。危者安其位者也。亡者保其存者也。亂者有其治者也。是故君子安而不忘危。存而不忘亡。治而不忘亂。是以身安而國家可保也。易曰。其亡其亡。繫於苞桑。

子曰。德薄而位尊。知小而謀大。力小而任重。鮮不及矣。易曰。鼎折足。覆公餗。（音速）其形渥。凶。言不勝其任也。

子曰。知幾其神乎。君子上交不諂。下交不瀆。其知幾乎。幾者動之微。吉之先見者也。君子見幾而作。不俟終日。易曰。介於石。不終日。貞吉。介如石焉。寧用終日。斷可識矣。君子知微知彰。知柔知剛。萬夫之望。（石者至靜无欲、至重不動者、君子介然如石、天下之可欲者、何物能動之、其見幾甯用終日、而後識之、）

子曰。作易者其知盜乎。易曰。負且乘。致寇至。負也者。小人之事也。乘也者。君子之器也。小人而乘君子之器。盜思奪之矣。上慢下暴。盜思伐之矣。慢藏誨盜。冶容誨淫。易曰。負且乘。致寇至。盜之招也。勞謙君子有終吉。子曰。勞而不伐。有功而不德。厚之至也。語以其功下人者也。德言盛。禮言恭。謙也者。致恭以存其位者也。勞謙。正言有勞有功而不伐、不德。一言德欲其盛。禮欲其恭。勞謙非爲位計。然能致恭。則人道所好。位自存矣。

亢龍有悔。子曰。貴而无位。高而无民。賢人在下位而无輔。是以動而有悔也。處時之窮者。貴乎通變。而不可亢以取悔。

鳴鶴在陰。其子和之。我有好爵。吾與爾靡之。子曰。君子居其室。出其言善。則千里之外應之。況其邇者乎。居其室。出其言不善。則千里之外違之。況其邇者乎。言出乎身。加乎民。行發乎邇。見乎遠。言行。君子之樞機。樞機之發。榮辱之主也。言行。君子之所以動天地也。可不愼乎。

不出戶庭。无咎。子曰。亂之所由生也。則言語以爲階。君不密則失臣。臣不密則失身。幾事不密則害成。是以君子愼密而不出也。亂不虛生。自言語始。愼密其言而不輕出。

善不積不足以成名。惡不積不足以滅身。小人以小善爲无益。而弗爲也。以小惡爲无傷。而弗去也。故惡積而不可掩。罪大而不解。易曰。何校滅耳。凶。

將叛者其辭慚。中心疑者其辭枝。吉人之辭寡。躁人之辭多。誣善之人其辭游。失其守者其辭屈。

尺蠖（音鑊·蠖·藥韻·）之屈。以求信也。龍蛇之蟄。以存身也。精義入神。以致用也。利用安身以崇德也。（此以物理·明學之屈伸·而廣其義·尺蠖蟲名·不屈則行不能伸·龍蛇不蟄·則來歲之身不能奮·下學之事·精研其義·至於入神·屈之至也·所以爲出而致用之本·利其施用·无適不安·伸之極也·然乃所以爲入而崇德之資·內外交相養·互相發也·）

天地之大德曰生。聖人之大寶曰位。何以守位曰仁。何以聚人曰財。理財正辭。禁民爲非曰義。（以上節繫辭上下傳）

孔子著述

孔子生平。唯於周易有贊。詩書則删之。禮樂則定之。春秋則筆削之。筆但筆其舊聞。有削則不讚筆。定亦不添一筆。删則不筆者多矣。蓋不貴增而貴減。

文王周公之彖象多詭奇。而孔之傳文極顯淺。殷盤周誥之書。詞多澀舌。而魯論之紀載。無聱牙。古文自古。今文自今。要以暢事理覺後覺而止矣。蓋不尙詭而尙平。嗚呼。此聖人竊比之深意。非若後世爭妍筆楮爲也。千百年眼

大成殿聯

廟中楹聯。宋元時絕無傳句。大約起於明代。至本朝而始盛。文昌殿關帝廟兩處。撰者尤多。幾於雅鄭混雜。惟文廟則未之聞。良由著筆甚難。故無人不知藏拙。憶在京師。曾游國學。得恭閱聖製大成殿聯云。氣備四時。與天地日月鬼神合其德。敎垂萬世。繼堯舜禹湯文武作之師。惟聖人能言聖人。後有作者弗可及矣。楹聯叢話

漢世祖光武皇帝二

後漢。姓劉氏。名秀。字文叔。南陽蔡陽人。(蔡陽・故城・在今湖北省棗陽縣西南・)高祖九世孫。年九歲而孤。養於叔父良。身長七尺三寸。美鬚眉。大口。隆準。日角。(日角・謂中庭骨起・狀如日・)性勤於稼穡。而兄伯升。好俠養士。常非笑光武事田業。比之高祖兄仲。王莽天鳳元年甲戌。(年二十)乃之長安。受尚書。略通大義。莽末。天下連歲災蝗。寇盜蜂起。地皇三年壬午。南陽荒饑。(南陽・即今河南省南陽縣治・)諸家賓客。多爲小盜。光武避吏新野。(故城在今河南省新野縣南・)因賣穀於宛。(宛縣故城・即今河南省南陽縣治・)宛人李通等。以圖讖。(讖讀如襯・沁韻・兆也・圖讖等・皆言將來得失之兆也・)說光武云。劉氏復起。李氏爲輔。光武初不敢當。然獨念兄伯升。素結輕客。必舉大事。且王莽敗亡已兆。天下方亂。遂與定謀。於是乃市兵弩。十月。與李通從弟軼等。起於宛。時年二十八。十一月有星孛於張。(孛星・光芒・短蓬然・張・南方宿也・)光武遂將賓客還舂陵。(鄉名・在棗陽縣東・)時伯升已會衆起兵。初。諸家子弟恐懼。皆亡逃自匿。曰。伯升殺我。及見光武絳衣大冠。皆驚曰。謹厚者亦復爲之。乃稍自安。伯升於是招新市平林兵。與其帥王鳳。陳收。西擊長聚。（小於鄉曰聚。）光武初騎牛殺新野尉。乃得馬。進屠唐子鄉。（在湖陽縣西南。）又殺湖陽尉。（縣名。今河南泌源縣南八十里。有湖陽店。卽故縣也。）軍中分財物不均。衆恚恨欲反攻諸劉。光武斂宗人所得物。悉以與之。衆乃悅。進拔棘陽。（縣名故城在今河南省。新野縣東北。）更始元年癸未。（年二十九）光武別與諸將大破莽兵。進圍宛城。（在今湖北省。荊門縣南六十里。）三月辛巳。立劉聖公爲天子。改元更始。以伯升爲大司徒。光武爲太常偏將軍。二月光武徇昆陽。（縣名。在今治河南省。葉縣治。）定陵郾。（今屬河南省郾城縣。京漢鐵路經之。郾音堰。願韻。）多得牛馬財物穀數十萬斛。轉以饋宛。會伯升爲更始所害。光武引過而已。言笑如常。更始於是慚。拜光武爲破虜大將軍。封武信侯。九月庚戌。三輔豪傑共誅王莽。傳首詣宛。（詣。倪去聲。霽韻。至也。往候也。）更始二年甲申。（年三十）立光武爲蕭王。自是始貳於更始。建武元年乙酉。（年三十一）馬武等勸進。六月己未。光武遂卽帝位于鄗南。（鄗音敲。鄗山名。在今河南省滎澤縣境。）定都洛陽。封更始爲淮陽王。十二月丙戌。更始爲赤眉所殺。於是平銅馬諸賊。降赤眉。討公孫述隗囂等。・隗危上聲・賄韻・又音危灰韻・囂音枵・蕭韻・天下大定。又留心文學。重高節之士。內治亦盛。建武三十三年丁巳二月初五日。崩於南宮前殿。年六十三。諡光武。廟號世祖。改元二。建武。建武中元。後漢書云・年六十二・注云是歲丁巳・以乙卯至丁巳按之・實爲六十三也・

漢哀帝建平元年十二月初六日夜寅時生 作 生卒見後漢書本紀

後漢建武中元二年二月初五日□時卒

乙卯	命	三歲	戊子
		十三	丁亥
己丑	宮	二三	丙戌
		三三	乙酉
甲子	戊	四三	甲申
		五三	癸未
丙寅	寅	六三	壬午
		七三	辛巳

後漢書本紀云。皇考南頓君。初爲濟陽令。以建平元年十二月甲子夜。生光武於縣舍。有赤光照室中。欽異焉。使卜者王長占之。長辟左右曰。此兆吉不

可言。是歲縣界有嘉禾生。一莖九穗。因名光武。曰秀。謹按帝造。若泥於夜字。卽作子時論。其八字當爲乙卯。己丑。甲子。甲子。日幹之甲。與月幹之己。同化爲土。月枝之丑。與日枝之子。又聯合爲土。通會謂爲幹合又得枝合。互見兩旬者。名曰夫婦聚會格。局奇異。固勝尋常。再益以生年乙卯。歲幹坐祿。生時甲子。時帶將星。氣象巍峨。顯而易見。然珊猶竊疑之。蓋光武帝誕生之候。適在大寒節前。其時晝短夜長。所謂夜者。未嘗不是三四句鐘之寅時也。若就丙寅時推測。較甲子時尤有過之。何則。生時丙寅。則命宮爲戊寅。時幹丙。因爲正五行之火。時枝寅藏丙。又爲正五行之火。命宮戊寅。幹因化火。枝亦藏火。證以赤光照室。不爲無因。若是甲子時。非惟四柱缺火。卽命宮庚辰。亦復無火。當此誕生之際。天寒氣降。地凍水冰。果其無火以暄之。吾恐膏壤將變爲石田。豈能萬物資生。兆民有賴耶。（此名眞化土格。又名夫婦聚會格。）觀其九歲子運。歲値癸亥。會生月之丑。爲北方一氣。南頓君竟早逝。其見土畏水溼也。觀其二十八歲丙運。歲値壬午。冬月。得宛人李通等協議。起兵舂陵。帝僅騎牛指揮。竟能殺新野尉而得馬。繼又進拔棘陽。二十九歲。歲値癸未。大破莽軍。進圍宛城。下昆陽。定陵。郾。立劉聖公爲天子。改元更始。稱爲破虜大將軍。封武信侯。至九月。三輔豪傑。共誅王莽。居然傳首詣宛。三十歲戌運。歲値甲申。立爲蕭王。三十一歲戌運。歲値乙酉。馬武等勸進。六月己未。乃卽大位。十二月。更始又爲赤眉所殺。凡此種種。何莫非丙爲陽火。戌寅合火。具有鼓盪寒土之功。有以致之耶。否則。自壬午冬月。至乙酉六月。爲時不滿三年。豈能使王莽自潰。跨州據土。而帶甲百萬者哉。至於四十七歲甲運。廢皇后郭氏。爲中山太后。立貴人陰氏爲皇后。四十九歲申運。以皇太子彊。爲東海王。立陽爲皇太子。莊改名 世多疵議。此皆辛丑年。小限庚寅之弊。不僅甲運妒合。申運衝寅也。五十八歲癸運。沛太后郭氏薨。六十三歲未運。帝崩於南宮。一爲太歲壬子。一爲太歲丁巳。皆與甲己化土之正格。極端反對者也。程子曰。命之理微。蓋謂其理精微。不可思議。然以帝命證之。似微實彰。豈人力也哉。

附錄

封更始爲淮陽王詔建武元年九月辛未

更始破敗。棄城逃走。妻子裸袒。流宂道路。朕甚閔之。今封更始爲淮陽王。吏人敢有賊害者。罪同大逆。後漢光武紀

差錄功臣詔二年正月庚辰

人情得足。苦于放縱。快須臾之欲。忘愼罰之義。惟諸將業遠功大。誠欲傳於無窮。宜如臨深淵。如履薄冰。戰戰慄慄。日愼一日。其顯效未酬。名籍未立者。大鴻臚趣上。朕將差而錄之。後漢光武紀

赦詔二年三月乙酉

惟酷吏殘賊。用刑深刻。獄多冤人。朕甚愍之。孔子不云乎。刑罰不中。則民無所措手足。其諸中二千石諸大夫議省刑罰。袁宏後漢紀四

禁拘執詔 二年五月癸未

民有嫁妻賣子。欲歸父母者。恣聽之。敢拘執。論如律。後漢光武紀

復宗室列侯子孫詔 二年十二月戊午

惟列侯爲王莽所廢。先祖魂神。無所依歸。朕甚愍之。列侯身廢者。國如故。身死。若子孫見在。令繼其先焉。袁宏後漢紀四

遣周黨詔 五年

自古堯有許由巢父。周有伯夷叔齊。自朕高祖。有南山四皓。自古聖王。皆有異士。非獨今也。太原周黨。不食朕祿。亦各有志焉。袁宏後漢紀五

給廩詔 六年正月辛酉

往歲水旱蝗蟲爲災。穀價騰躍。人用困乏。朕惟百姓無以自贍。惻然愍之。其命郡國有穀者給廩。高年鰥寡孤獨及篤癃無家屬貧不能自存者。如律。二千石勉加循撫。無令失職。後漢光武紀

薄葬詔 七年正月

世以厚葬爲德。薄終爲鄙。至于富者奢僭。貧者殫財。法令不能禁。禮義不能止。倉卒乃知其咎。其布告天下。令知忠臣孝子。慈兄悌弟。薄葬送終之義。後漢光武紀

禁拘制奴婢下妻詔 七年五月

吏人遭饑亂。及爲青徐賊所略。爲奴婢下妻。欲去留者。悉聽之。敢拘制不還。以賣人法從事。後漢光武紀

營壽陵詔 廿六年四月

無爲山陵陂池。裁令流水而已。迭興之後。亦無丘壟。使合古法。今日月已逝。當豫自作。臣子奉承。不得有加。官輯本·東觀漢記、四月始營陵地於臨平亭南詔·

報臧宮馬武請滅匈奴詔 二十七年

黃石公記曰。柔能制剛。弱能制彊。柔者德也。剛者賊也。弱者仁之助也。彊者

怨之歸也。故曰有德之君。以所樂樂人。無德之君。以所樂樂身。樂人者其樂
長。樂身者不久而亡。舍近謀遠者。勞而無功。舍遠謀近者。逸而有終。逸政多
忠臣。勞政多亂人。故曰務廣地者荒。務廣德者彊。有其有者安。貪人有者殘。
殘滅之政。雖成必敗。今國無善政。災變不息。百姓驚惶。人不自保。而復欲遠
事邊外乎。孔子曰。吾恐季孫之憂。不在顓臾。且北狄尚彊。而屯田警備。傳聞
之事。恆多失實。誠能舉天下之半。以滅大寇。豈非至願。苟非其時。不如息人。
後漢臧宮傳

四科取士詔

方今選舉。賢佞朱紫錯用。丞相故事。四科取士。一曰德行高妙。志節清白。二
曰學通行修。經中博士。三曰明達法令。足以決疑。能案章覆問。文中御史。四
曰剛毅多略。遭事不惑。明足以決。才任三輔令。皆有孝悌廉公之行。自今以
後。審四科辟召。以刺史二千石察茂才尤異孝廉之吏。務盡實覈。選擇英俊。

賢行廉潔。平端于縣邑。務授試以職。有非其人。臨計過署。不便習官事。書疏不端正。不如詔書。有司奏罪名。竝正舉者。續漢百官志一注。引漢官儀世祖詔云云。

子陵不仕有深意

光武。中興令主也。而廢郭后及太子彊。頗爲後世口實。國朝方正學題嚴子陵圖有云。糟糠之妻尚如此。貧賤之交可知矣。羊裘老子早見幾。故向桐江釣煙水宛轉二十八字。可發千古之隱矣。千百年眼卷八

光武故人

光武故人人知有嚴光。而不知有牛牢。光武平時。與故人夜話及讖。劉秀作天子。安知非我。萬一果然。各言爾志。牢獨默然。光武堅叩之。牢曰。大丈夫立意。不與帝友。衆大笑。後光武卽位。累徵不至。刺史郡守。奉詔存問。牢每披髮不答詔旨。嚴君平之故人。人知有富人羅沖。而不知有安鴻丘。鴻丘爲君平作誄曰。無營無欲。澹然淵淸。又林閭翁孺。皆臨卬人。亦其友也。堅瓠初集卷四

張道陵三

後漢。姓張氏。名道陵。字輔漢。沛豐人。（豐邑・今爲江蘇省豐縣・）子房八世孫。身長九尺二寸。龐眉廣顙。朱頂綠睛。隆準方頤。目三角。美髭髯。垂手過膝。龍踞虎步。望之儼然。光武建武庚子。甫七歲。讀老子書。卽了其義。於天文地理圖書讖緯之祕。咸貫通焉。旁若墳典羣籍。亦盡瀏覽。從學者千餘人。天目山南三十里。西北八十里。（天目山・在浙江省臨安縣西北五十里・）皆有講誦之堂。臨安神山觀。（臨安在浙江省杭縣北四十里・）餘杭通仙觀。（餘杭故城・在杭縣西・）卽其地也。明帝永平己未。（年二十六）以直言極諫科中之。拜江州令。（江州縣名・今爲四川省江北縣・）謝官歸洛陽北邙山。（在河南省洛陽縣東北・）修煉和帝永和己丑。（年五十六）帝徵爲太傅。封冀侯。三詔不就。六十三歲丙申。入雲錦山。煉九天神丹。丹成而龍虎見。山因以名。餌之益壯。一百零九歲。漢安壬午。得三五都功。諸品經籙。授三五斬蛇雌雄劍。及玉印等。次年癸未。一百十歲。登青龍山。桓帝永壽丙申。一百廿有三歲。游渠亭山。奉太上玉冊。敕命爲六合無窮高明大帝。封道陵爲天師。唐天寶七年。詔後漢天師張道陵。冊贈太師。宋徽宗稱天師。元成宗明世宗亦稱天師。今其子孫。世襲眞人。居於江西貴溪之龍虎山。（在江西省。貴溪縣西南八十里。象山西南。兩峯對峙。如龍昂虎踞。道書以爲第三十二福地。張道陵修煉於此。其子孫世居上清宮。在龍虎兩山之間。）

後漢光武帝建武十年正月十五日子時生（生卒見天師世家）

後漢桓帝永壽二年正月初七日午時卒

甲午	命	五歲 丁卯	十五 戊辰
丙寅	宮	二五 己巳	三五 庚午
壬戌	丙	四五 辛未	五五 壬申
庚子	寅	六五 癸酉	七五 甲戌
		八五 乙亥	九五 丙子
		百五 丁丑	百十五 戊寅

張天師造。甲午。丙寅。壬戌。庚子。天師世家載漢建武十年正月十五夜生於吳之天目山。謹按壬戌日元。納音五行。爲大海之水。莊子云。天下之水。莫大於海。是也。夫水能潤物。盡人皆知。然必須濟之以火。俾陰陽和協。乃佳。又必須水居於上。火居於下。始妙。觀夫久雨忽晴。其生物之效力。遠不及旱逢甘雨之迅速。而火在釜上。其熟物之效力。亦遠遜火在釜下之便利。尤可知易水在火上既濟。水在火下未濟之說。爲不虛也。今觀八字。壬戌日元。納音五行。固爲大海之水。卽就正五行論之。亦爲百川之水。旣爲日元。卽是主宰。水居上位。一望可知。年支之午。月支之寅。與日支之戌。聯爲火局。此乃火之基本。雖丙火游行於月幹。其歸宿仍在地枝。謂爲火居下位。誰曰不宜。今既水火既濟。其人必聰明脫俗。思患預防。益以時枝空亡。年枝孤虛。是以視富貴直同浮雲。慕神仙處修道術。恰好五行宗備。四柱純陽。得太上之親傳。避人間之煩惱。故能除邪扶正。煉氣成眞。受歷代之崇封。獲千秋之榮譽。此豈狗苟蠅營。不知止足者。所可望其項背耶。廿六歲己運。永平二年己未。以直言極諫科中之。拜江州令。謝官歸北邙修煉。三年。有白虎銜符至座隅。足證己與甲合。未與午合。頭頭是道。非同尋常也。四十七歲辛運。建初五年庚辰。奉帝徵不起。夫徵而不起。詔而不就。此是何等胸襟。何等識見耶。五十六歲壬運。永和元年己丑。和帝徵爲太傅。三詔又不就。足證金水相生。猶有世俗浮名也。六十三歲申運。永和八年丙申。入雲錦山煉九天神丹。成餌之。益壯。足證水得長生。衝寅合子。故先勞後獲也。一百零九歲丁運。漢安元年壬午。得三五都功。諸品經籙。授三五斬蛇雌雄劍。及玉印等。一百十歲丁運。漢安二年癸未。登青龍山。足證丁遙壬合午與寅戌聯合。均應得道多助也。一百二十三歲卯運。永壽二年丙申。游渠亭山。正月七日亭午。奉太上玉册。敕命道陵爲六合無窮高明大帝。又曰天師。足證卯爲天乙貴人。申爲壬水長生。卽丙火亦與午寅戌之火局。氣求聲應。故大功圓滿。白日上昇也。

附錄

洪武九年正月十五日。宋濂序漢天師世家有云。濂聞文成侯年少時。學禮淮揚。東謁蒼海君。先儒學士以爲海神是也。後又見異人下邳圯上。（圯音詒支韻。左從辰巳之巳。橋也。）則其未達之際。固已能交通於神明。至其晚年。名遂功成。乃欲辟穀。從赤松子遊。實其初志。非曰託之以自逃也。故其九傳至漢天師。感慕輿祀。學輕擧延年之術。祓除陰慝。一以善道化民。而嗣師系師繼之。修其業而弗墜。惟恐有人横遭天閼者。當漢之際。天下雲擾。惟巴蜀之間。民生晏然。行者不裹糧。居者不捍關。官府類以成治。如此者垂三十年。其功之及物。可謂侈矣。宜其世有令人出。裨至化。奚翅古諸侯之國。天之報施。不亦彰明者哉。或者專歸於名山神氣之所秀結。故能演迤盛大如斯。其論亦淺矣。嗚呼。文成侯子孫。南北在在有之。其以功烈顯著者。小則光法從。大則至宰輔。非不光明俊偉也。曾未幾何。降爲皂隸者。有不免焉。其視玄裔相仍。歷千二百有

餘歲。而未已者爲何如。蓋必有道矣。嗣是而興者。尙其勖哉。尙其勖哉。（天師世家）

洪武二十四年。眞人張宇奏以前代嘗給正一玄壇傳籙之印。令授二品銀印。只可施於表箋文移。而於符籙不便。乞更別授。遂與龍虎山正一玄壇之印。制用六品者也。昨會眞人府知印云。府總四印。六品者銅鑄。二品銀印則英宗朝。因使拜表回鑾有驗。鑄金易之。其文乃正一嗣教大眞人府之印。自道陵傳下者。則玉印一枚。乃陽平治都功印。雲篆也。（陽平治。乃道陵起處。）至弘治間。朝廷恐其隨身有失。另碾一顆賜之。至於累朝所賜。或金。或銀。或牙。皆圖書也。（七修類稿）

隆慶中。江西守臣言張氏職名賜印。不載典制。宜永裁革。詔革去眞人之號。以爲上淸觀提點。萬曆初。復之。相沿至今。無釐正者。使與衍聖公。公然並列。何哉。（池北偶談）

張道陵。光武時人。（邵氏見聞錄。謂順帝時人。續通考。謂章帝和帝時人。）善以符治病。百二十歲卒。唐天寶間。號正一靖應眞君。而子孫未有賜號者。通考言宋太宗祥符九年。賜信州道士張正隨號眞靜先生。邱文莊公謂此張氏賜號之始。 徽宗崇甯二年。賜張繼先號虛靖先生。然亦未有階品自元世祖至元十三年。賜宗演爲靈應冲和眞人。始給三品銀印。明洪武元年。張正常入賀卽位太祖諭宰臣曰。元人不知義理。稱爲天師。寇謙之嘗言。繼道陵爲天師。故世俗稱爲天師。元時亦號眞人耳。 夫天豈有師。可改授正一嗣教眞人錫以銀印。秩視二品。設寮佐曰贊教。曰掌書。隆慶間。並革眞人止稱提點。萬曆初復之。俗至稱爲三天扶教輔元大法師眞君。 康熙二十六年六月。張繼宗具疏請卹吏部提查。正一眞人從無賜卹致祭之例。應不准行。其恩詔誥命。應如所請。得旨張繼宗見號眞人。卽着照所襲銜。給與誥命。一切僧道不可過于優崇。恐日後漸加縱肆。或致妄爲也。聖祖睿見可云邁越前古矣。蠡勺編

張眞人於嘉慶十年入覲。時値亢旱。命之求雨不驗。鐫級。先是上意革除道教。因每歲端陽。大內各宮殿正樑。均有黃綺朱符。乃眞人遣神將所懸。其尤

異者。五月初一子正。各殿皆懸符。不知其從何而來。至初五日亥正。則俱杳矣。有此靈跡。遂貶而不革。禱雨不應。蓋不敢違天也。蟲鳴漫錄

關羽 四

蜀漢。姓關氏。名羽。本字長生。又字雲長。河東解梁人。（解梁城。在今山西省。晉縣西南。）美鬚髯。好左氏傳。諷誦上口。亡命奔涿。（今爲河北省涿縣。涿音卓。）先主爲平原相。（平原縣名。故治在山東省平原縣南二十里。）以羽與張飛爲別部司馬。分統部曲。恩若兄弟。初守下邳。（故城在今江蘇省。邳縣東。）先主爲曹操所敗。奔袁紹。時羽爲操所執。拜偏將軍。禮之甚厚。後羽斬紹將顏良。以報操德。操表封羽爲漢壽亭侯。羽盡封所賜。拜書告辭。而奔先主。先主既收江南諸郡。以羽守襄陽。（治所。爲今湖北省。襄陽縣。）及西定益州。（治所爲今四川省。廣漢縣。）羽乃督荊州事。（荊州。今爲湖北省。江陵縣。）拜前將軍。攻敗曹仁。威震一時。孫權用呂蒙計。襲破荊州。建安己亥十二月。羽與子平。皆於章鄉。蒙難。（在湖北省、當陽縣東北。亦作漳鄉。）時年六十。後主追諡壯繆侯。宋徽宗高宗孝宗及元文宗。均封以王。明神宗加封以帝。清世祖曾降諭旨。封爲忠義神武關聖大帝。清高宗降旨。加靈佑二字。仁宗又加仁勇二字。民國三年甲寅。與岳飛合祀武廟。用示尊崇。

後漢桓帝延熹三年六月二十四日申時生（生卒均見全集）

後漢獻帝建安二十四年十二月□日□時卒

四柱	命宮	歲	大運
庚子	命	三歲	乙酉
		十三	丙戌
甲申	宮	二三	丁亥
		三三	戊子
戊午	己	四三	己丑
		五三	庚寅
庚申	丑	六三	辛卯
		七三	壬辰

關聖帝君全集。採輯康熙戊午秋。解梁州守鄞山王朱旦。所撰聖帝祖墓碑記。載明聖帝乃漢桓帝延熹三年六月二十四日誕生。漢獻帝建安二十四年十二月遇害。珊謹按延熹三年。歲在庚子。六月節過立秋。月應甲申。二十四日乃是戊午。其生時碑記雖未詳載。然以聖帝之正大光明。奪北魏東吳厲氣。忠誠義勇。開睢陽武穆先聲。種種經歷推之。當爲庚申。其他十一時。斷

難如是蓋月甲日戊時庚三奇順布四柱純陽始有此至大至剛乃文乃武之魄力維持世教翊贊皇猷之豐功鬼谷子云順得三奇全逢五事采眞歌云三奇應貴眞奇闊此之謂也年時二幹並列庚金月時二枝之申又各藏庚金證以指迷賦所謂威武剛烈兮乃是金多尤爲脗合不甯惟是命宮己丑幹固可以助日主之精神枝又爲庚甲戊庚之天乙光昭日月氣貫雲霄豈偶然哉善夫唐王維見龍生聖贊曰二龍五老生　孔聖兮噫五老二龍產　關帝兮噫三國之一人兮噫萬年之二聖兮噫聖耶人耶五老耶二龍耶是一是二兮噫二十五歲甲子帝至涿郡與張桓侯俱事先主義合兄弟共討黃巾董卓從先主至徐州（今江蘇省舊徐州府及邳縣）守下邳帝已三十八歲歲値丁丑矣按其經過之運曰丁火曰亥藏甲木曰戊土皆與戊土日元情致纏綿是以日上蒸蒸也三十九歲戊寅下邳失陷先主歸曹帝亦從之四十歲己卯先主隨操還許（即今河南省許昌縣）表帝及桓侯爲左中郎將先主欲擊袁術殺

徐州刺史車冑使帝守下邳。行太守事。四十一歲庚辰正月。帝與操戰於下邳。敗績。操表帝爲偏將軍。四月。帝助操解白馬圍。操表帝爲漢壽亭侯。七月。辭歸先主。四十二歲辛巳。帝隨先主歸劉表。在荊州。四十三歲壬午。帝仍隨先主在荊州。按此五年。適行子運。衝犯日枝之午。是以風雲變色。挫折頻遭。然帝之大義參天地。精忠冠古今。實基於此。四十四歲癸未至四十八歲丁亥。帝仍隨先主在荊州。是年。諸葛武侯出山。按此五年。實行己運。合月幹之甲。化土助力。是以蟄伏粗安。所妙者得一武侯。贊襄有人矣。四十九歲戊子九月。操入荊州。先主兵敗當陽。(在今湖北省當陽縣東)帝乘船數百艘。迎先主於漢津。從破曹軍於赤壁。先主與周瑜圍曹仁於江陵。別遣帝絕北道。五十歲己丑。先主領荊州牧。駐公安。(故城在今湖北省公安縣東北油江口)以帝爲盪寇將軍。襄陽太守。五十一歲庚寅。先主使帝屯於江北。五十二歲辛卯。先主入益州。帝與諸葛武侯等據荊州。五十三歲壬辰。帝在荊州。是年。與操將樂進。相拒於青泥。按此五年。

適行丑運。爲天幹庚甲戊庚之天乙貴人。而又與年枝之子。遙合化土。與日幹戊土。聲應氣求。是以攻無不克。戰無不取也。五十四歲癸巳。先主還軍攻劉璋。惟留帝鎭荊州。自此始專制一切。五十五歲甲午夏。先主克成都。故治在今四川省．成都華陽二縣． 拜帝董督荊州事。五十六歲乙未。帝鎭荊州。先主遣帝爭三郡。移屯益陽。故城．在今河南省．益陽縣西． 與魯肅單刀會語。中分荊州。遂罷軍。五十七歲丙申。帝鎭荊州。先主自漢中還成都。五十八歲丁酉。帝鎭荊州。先主征漢中。在今陝西省．南鄭縣東二里． 諸葛武侯居守。按此五年。適在庚運。因歲逢木火。是以單刀赴讌。片語解紛。坐鎭荊州。指揮如意也。五十九歲戊戌。帝鎭荊州。先主次陽平關。在陝西省．沔縣西北． 六十歲己亥。帝鎭荊州。先主定漢中。爲漢中王。八月。帝自江陵圍曹仁於樊城。在今湖北省．襄陽縣北． 先主卽軍中拜帝爲前將軍。假節鉞。圅魏將于禁。殺龐德。威震華夏。十月。操遣徐晃救樊城。晃．戶廣切．養韻．明也． 久不拔。引軍退還。權已破江陵。縣名．卽荊州．城在長江左岸．有新舊二城．東爲新城．西爲舊城． 十一月。帝西保麥城。在今湖北

（省・當陽縣東南五十里・）十二月被害。卒於章鄉。按此二年。均在寅運。一則歲在戊戌。三合會火。是以坐鎮雍容。一則歲在己亥。合甲合寅。是以威震華夏。惜小限庚寅。突會寅運。月時二申。遙相衝擊。以致聖帝昇遐。魏吳竊簒。惜哉。吾宗宏道先生。曾謁帝祠。題句有云。白衣豈至計。陸豎偶成功。天將移漢祚。先忌絕倫雄。蓋亦慨乎言之也。

珊按舊書有謂聖帝生於漢桓帝延熹三年庚子五月十三日者。如是則年爲庚子。月爲壬午。日爲庚子。雖欲於十二時中。擇一佳者以配之。亦難與聖帝名位相稱。舊書又謂聖帝造爲四戊午者。更謬。查戊午乃靈帝熹平七年。是年芒種後。小暑前。並無戊午日。安有戊午時耶。且蜀書先主傳有靈帝末黃巾起二語。果如是。則聖帝此時。猶未滿十歲。豈能隨先主共討黃巾耶。聖帝祖墓碑記云。中平元年甲子。張角徧嘯天下。帝大發兵。遣盧植申討。果是戊午年生。此時帝纔七歲耳。蜀記曰。帝初出軍。夢猪嚙其足。語子平曰。吾今年衰矣。然不得還。帝果爲戊午生。至己亥年。纔四十有二。何得曰衰。全集云。帝壽六十。吳以王侯禮葬於湖廣當陽縣西章鄉。果爲戊午生。至己亥。安有壽六十之理耶。祖墓碑記又云。帝娶胡氏。於靈帝光和元年戊午五月十三日。生子平。按之年爲戊午。月爲戊午。日爲甲午。若就平之經歷言。擬作時爲庚午。天榦三奇。地枝一氣。亦頗脗合。俗以五月十三日爲聖誕。及四戊午爲聖造。殆亦惑於此歟。

附錄

漢桓帝延熹三年庚子。六月二十四日。有烏龍見於村。旋繞道遠公之居。遂生聖帝。異哉。猶之二龍繞室。五老降庭。生孔子也。聖跡圖誌

關聖令尊崇已極。乾隆三十三年。改追封爲謹封。敕封爲敕奉。嘉慶二十五年七月十五日。定致祭用雙壇寫。先是雍正三年。封三代光昭公。裕昌公。成忠公。十年。定關樾裔世襲五經博士。案三國志傳言子平同死事。次子興嗣

封。興子統及彝續封。其後無可徵。今江陵縣關氏譜則是平後。言平妻趙氏。聞麥城破。攜八歲子樾。避於安鄉民家。改姓門。至晉平吳。始攜子出。復關姓。明萬曆二十四年。封關平竭忠王。關興顯忠王。將軍周倉威靈忠勇公。今關裔以關氏譜言之。皆竭忠王平後也。（癸巳存稿卷九）

關帝廟聯

關帝廟聯最多。世人皆習用三國演義語。殊不雅馴。有集四書句者云。知我者其惟春秋乎。乃所願則學孔子也。最著於時。語似正大。不知帝之好讀春秋。正史亦無明文。惟裴松之引江表傳云。公好左氏傳。諷誦略皆上口而已。學孔子語。亦泛而無當。不得謂之佳聯。若舊官寧改漢。遺恨失吞吳。又漢家宮闕來天上。武帝旌旗在眼中。又吳宮花草埋幽徑。魏國山河半夕陽。皆集句之渾成者。然先主閟宮。丞相祠堂。未嘗不可移用。又不若三分割據紆籌策。萬國衣冠拜冕旒二句。較爲雅切。又記有一聯云。先武穆而神。大漢千古。

大宋千古。後文宣而聖。山東一人。山西一人。可包一切。掃一切矣。吾鄉龔海峯先生景瀚有句云赫厥聲濯厥靈無師保如臨父母天所覆地所載有血氣。莫不尊親。亦尚非俗調也。

趙甌北有關廟聯云。乃聖乃神。乃武乃文。扶四百載承堯之運。自西自東。自南自北。如七十子服孔之心。余於聯話前編偶遺之。以上楹聯叢話

關夫人廟聯

有作關夫人廟聯者云。生何氏。沒何年。蓋弗可考矣。夫盡忠子盡孝。可不謂賢乎。頗著於人口。按此事羌無故實。不得不用活筆。然據馮山公景所記。則關夫人自有姓。作者亦未見馮記耳。今附錄筠廊偶筆中一條。以廣見聞云。偶得蒲州朱牧所撰關侯祖墓碑。事奇而文不雅馴。以示吾友馮山公。山公走筆作記一篇。庶足與侯並不朽矣。記曰。天之生聖賢也。必鍾祥於世德之家。故大孝尊親。咸黑貽父母令名。予嘗慨漢壽亭侯生而忠貞。沒爲明神。

廟貌徧宇內。血食綿千古。而其祖若考名氏。獨闕軼無考。侯在天之靈。必有衋然隱痛者。（衋。喜億切。音閱。職韻。傷痛也。）予每遇河東博聞之士。必周咨之。不可得。康熙十七年戊午。解州有常平士于昌者。讀書塔廟。塔廟。侯故居也。昌晝夢侯授以易碑二大字。驚而寤。見濬井者得巨甎。碎之。甎上有字。昌急合讀。乃紀侯之祖考兩世諱字生卒甲子大略。循山而求。得墓道焉。遂奔告解州守主朱旦作關侯祖墓碑記。記中載侯祖石磐公。諱審。字問之。和帝永元二年庚寅生。居解州常平村寶池里。公冲穆好道。以易春秋訓其子。卒於桓帝永壽三年丁酉。享年六十八。子諱毅。字道遠。性至孝。父沒。廬墓三年。既免喪。於桓帝延熹三年庚子六月二十四日生侯。侯長娶胡氏。於靈帝光和元年戊午五月十三日生子平。其大略如此。昔趙宋時。劉廷翰官貴。當追封三代。少孤。其大父以上不皆逮事。忘其家諱。太宗爲撰名。親書賜之。載在宋史。以爲美談。亦以教孝也。而況侯之祖若考。皆有名氏。載壙石。章章可考。顧忍軼之哉。叢話

諸葛亮五

、蜀漢。姓諸葛氏。名亮。字孔明。琅邪陽都人。琅邪郡名·在今山東省·臨沂縣北十五里·陽都縣名·故城在今山東省·沂水縣南·父珪。字君貢。漢末爲太山郡丞。亮早孤。從父玄。爲袁術所署豫章太守。豫章·即今江西省·南昌縣·玄將亮及亮弟均之官。會漢更選朱皓代玄。玄素與荊州牧劉表有舊。往依之。玄卒。亮躬耕隴畝。好爲梁父吟。身長八尺。每自比於管仲樂毅。時人莫之許也。惟博陵縣名·故城在今河北省·蠡縣南·崔州平。潁川潁川郡秦置·今河南舊許州·陳州·汝寧·汝州諸府·以及禹縣午陽武各縣皆是·漢因之·治陽翟·故韓都·即今河南禹縣治·徐庶元直與亮友善。謂爲信然。建安丁亥。亮年二十七。劉先主適屯新野。徐庶見之。薦亮曰。諸葛孔明者。臥龍也。先主詣亮。三顧乃見。後從先主。敗曹操於赤壁。在湖北省·嘉魚縣東北江濱·收江南及成都。平。策爲丞相。先主崩。受遺詔輔後主。建興初。封武鄉侯。領益州牧。志在攻魏。以復中原。乃東和孫權。南平孟獲。而後出師北伐。六出祁山。在甘肅省·西和縣西北·、與司馬懿對陣渭南。分兵屯田。作久遠之計。方期漢業可興。而天不相蜀。亮卒於軍。時建興甲寅八月。年五十有四。及軍退。司馬懿案行其營壘處所。曰天下奇才也。諡爲忠武侯。亮遺命葬漢中定軍山。(在陝西省。沔縣東南。)因山爲墳。冢足容棺。斂以時服。不須器物。亮性長於巧思。損益連弩。作木牛流馬。推演兵法。作八陣圖。(在陝西省。沔縣東南。)咸得其要。有諸葛武侯集。景耀六年癸未春。詔爲亮立廟於沔陽。(縣名。故城在今陝西省沔縣。沔音免。銑韻。)

珊按宋儒鄭夾漈先生所編通志藝文略卷二十。載有諸葛武侯十六策一卷。將苑一卷。平朔陰府二十四機一卷。六軍鏡心訣一卷。八陣圖一卷。兵機法一卷。六壬類苑一卷。相書一卷。相山訣三卷。大堂明鑑一卷。惜今均罕見矣。

後漢靈帝光和四年七月二十三日巳時生(生卒均見年譜)

蜀漢後主建興十二年八月二十八日□時卒

辛酉 命 三歲 十三 乙未 甲午

丙申　宮　二三 癸巳　三三 壬辰
癸丑　壬　四三 辛卯　五三 庚寅
丁巳　辰　六三 己丑　七三 戊子

諸葛忠武侯。蜀志僅載卒之年月。年譜亦僅載漢靈帝光和四年辛酉生。建興十二年八月卒。其生日卒日。均未詳載。惟常熟孫雄所輯名人生日表。載武侯五月十八日生。至卒之日期。惟虛白道人彙輯忠武祠墓志所載獨詳。謂侯卒於建興十二年甲寅秋八月二十八日。原註云載張文端公忠武志。珊雖椎魯。幼讀侯出師表及誡子書。景仰之心。油然而生。今既得侯生卒年月日期。又安可不究生時以足之。查光和四年辛酉七月丙申二十三日癸丑。按侯之一生經歷。生時當爲丁巳。蓋日元癸水。誕生立秋節後。白帝司權。金正當令。水得金生。正氣充足。再逢年幹辛金。年枝酉金。及月枝申藏庚金。又藏壬水。日枝丑藏辛金。又藏癸水。疊疊生之助之。其爲金白水清。顯然易見。僅恃月幹單獨丙火。不獨不能制金。且亦不敷濟水之用。況丙與辛合。同化爲水。其火之成分。又復若有若無。不有生時丁巳之二火。決不能制當令之旺金。濟有餘之相水。今既得此爲正式之用神。其爲雨暘時若。天地順成。可知。太玄經云。陽交於陰。陰交於陽。物登明堂。矞矞皇皇。（矞。紆橘切。音聿。質韻。）卽此義也。（水爲陰。火爲陽。水計有三。火亦計有三。數量相等。故曰交。）因是。才卑管樂。節比伊周。子房而後。孰與爲儔。惜大運金水連環。與用神之火。背道而馳。雖曰鞠躬盡力。亦祇事倍功半。楊鐵鏞云。諸葛公值衰運。此但指國運言。孰知其命運亦衰耶。二十七歲丁亥。小限丙寅。劉昭烈屯新野。徐庶薦之。昭烈三往。乃見。二十八歲戊子。小限乙丑。劉表卒。琮聞曹公來征。遣使請降。昭烈屯樊。聞之。率其衆南行。侯與徐庶並從。繼爲曹公追破。至於夏口。（劉琦爲江夏太守）侯曰。事急矣。請奉命求救於孫將軍。時孫權擁軍柴桑。觀望成敗。侯說權於柴桑。權大悅。卽遣周瑜。程普。魯肅等。水軍三萬。與昭烈併力拒曹。進與操遇於赤壁。縱火燒其船艦。操軍大敗。死者强半。乃引軍北還。十二月。昭烈徇荊州。江南諸郡降之。表劉琦爲荊州刺史。以侯爲軍師中郎將。督諸郡賦稅。以充軍實。此二年乃侯一生之名業。關鍵。其妙在歲逢丁戊。限逢丙乙。非癸水運之效力也。二十九歲己丑。小限甲子。孫權表劉備爲荊州牧。周瑜分南岸地以給備。備立營於油口。今曰油河・在湖北省公安縣東北・改名公安。備以所給地少。自詣孫權。求都督荊州。權以妹妻備。妹才捷剛敏。有諸兄風。侍婢百餘人。皆執刀侍立。備每入。心常懔懔。周瑜上疏。請權留備。謂必非久屈爲人用者。不可割土地以資業之。權不從。備還聞之。歎曰。天下智謀之士。所見略同。前時孔明諫孤莫行。亦慮此也。三十歲庚寅。小限癸亥。昭烈以龐統爲治中從事。與侯並爲軍師中郎將。三十一歲辛卯。小限壬戌。冬。劉璋遣使迎昭烈。留侯與聖帝等守荊州。孫權聞昭烈西上。遣船迎妹。而夫人欲將備子禪去。張飛趙雲勒兵截江。乃得禪還。三十二歲壬辰。小限辛酉。三十三歲癸巳。小限庚申。侯均在荊州。此五年。雖爲侯之名業初步。關系至大。若無此數年特殊成績。劉璋固不致遣使來迎昭烈。而孫權亦不能於臥榻之前。容他人鼾睡。所以然者。適行巳運。中藏丙火。與生時之巳。固是同聲相應。同氣相求。而又與月幹丙火時幹丁火。共同合作。是以得道多助。化難呈祥。珊之確定侯爲丁巳時生。蓋據此耳。其他十一時。皆無此大規模也。三十四歲甲午。小限己未。昭烈進圍雒城。故城在今四川省。廣漢縣北。雒音洛。龐統率衆攻城。中流矢死。於是侯留聖帝守荊州。與張飛趙雲將兵泝流。泝音訴。溯與遡同。逆流而上曰泝。克巴東。破巴郡。獲太守嚴顏。雒城潰。昭烈進圍成都。侯與飛雲引兵來會。馬超知張魯不足與計事。亦來降。城中震怖。劉璋遂開城出降。遷璋公安。入成都。自領益州牧。以侯爲軍師將軍。署左將軍府事。是年克巴郡。取成都。侯之一生名業。其基礎略奠於斯。所以然者。歲逢甲午。限逢己未。不獨天幹甲木可以生火。卽地枝午未會生時之巳。聯爲南方一氣。亦與有功焉。此豈壬運之力也哉。三十五歲乙未。至三十八歲戊戌。此四年。年譜並未詳敍。但云丁酉年。吳魯肅卒。侯爲之發喪。

殆因初得成都。僅坐鎭整理而已。然亦足見壬運除甲午年外。並無其他發展也。三十九歲己亥。小限甲寅。聖帝在麥城遇害。四十歲庚子。小限癸丑。昭烈連年出兵漢中。（在今陝西省沔縣褒城南鄭縣等。）渡沔水。定漢川。（沔水即漢水。）進爲漢中王。侯常鎭守成都。足食足兵。（魏曹丕黃初元年。）四十一歲辛丑。小限壬子。蜀中傳言漢帝遇害。昭烈遂即帝位。改元章武。以侯爲丞相。假節錄尙書事。立太子禪爲皇太子。秋。帝恥聖帝之沒。自將伐吳。留侯輔太子守成都。四十二歲壬寅。小限辛亥。二月。帝自秭歸（漢置。秭與姊同。秭歸縣。歸子國也。袁崧曰。屈原有賢姊。聞原放逐。亦來歸。喩令自寛全。鄉人冀其見從。因名秭歸。後魏改曰長寧。隋又改曰秭歸。即今湖北省秭歸縣治。）率諸將進軍至猇亭。（在湖北省宜都縣北二十里。大江北岸。一名興善坊。今名虎腦背市。）爲陸遜所敗。由步道還魚復。（古縣名。）改名永安。（在今四川省奉節縣東。即白帝城。）六月。張飛爲其左右所害。以侯領司隸校尉。十月。詔侯營南北郊於成都。（吳黃武元年。）四十三歲癸卯。小限庚戌。帝不豫。二月。侯自成都至永安。三月。帝病篤。託孤於丞相亮。尙書令李嚴爲副。夏四月。帝崩於永安宮。年六十三。（按姚薑塢云。先帝生於延熹四年辛丑。至癸卯年薨。壽六十三。然珊不敢盡信。蓋關帝生年庚子・昭烈則不應爲辛丑年生・此三字・恐爲五字之誤・容再詳考・侯奉表還成都。留李嚴鎭永安。五月梓宮至成都。諡曰昭烈皇帝。葬惠陵。太子禪卽位。年十七改元建興。封丞相武鄉侯。十道記・武鄉谷・在南鄭縣・孔明受封之地・開府治事。頃之。又領益州牧。政事無鉅細。皆決於侯。此五年間。聖帝桓侯。相繼逝世。而昭烈帝又薨。具見辰運爲水墓。歲限逢金水。故疊遭大故。命之有憑若是。雖有智者。亦末如之何也。四十四歲甲辰。小限己酉。侯務農殖穀。閉關息民。四十五歲乙巳。小限戊申。侯率衆南征。悉收其俊傑孟獲等。以爲官屬。終侯之世。夷不復反。四十六歲丙午。小限己酉。侯治兵講武。以侯北征。四十七歲丁未。小限戊申。侯率諸軍。出屯漢中。以圖中原。臨發上疏。卽前出師表。附錄於後是年子瞻生。四十八歲庚申。小限己酉。春。侯伐魏。揚聲由斜谷道取郿。斜谷・在陝西省郿縣西南・郿縣故城・在今郿縣東北・使將軍趙雲鄧芝爲疑軍。據箕谷。在陝西省・褒城縣西北・身率諸軍攻祁山。南安天水安定三郡。南安故城・在今隴西縣渭水北・天水・卽甘肅省秦州・安定・在今甘肅省鎭原縣南五十里・皆應。關中響震。前軍馬謖違節度。敗於街亭。在今甘肅省秦安縣東北・侯乃拔西縣千餘家。還漢中。戮謖以謝衆。趙雲亦以箕谷兵敗。坐貶。乃上疏請自貶三等。以督厥職。於是以侯爲右將軍。行丞相事。所總統如前。十二月。侯伐魏。復出散關。圍陳倉不克。(陳倉故城在今陝西省。寶鷄縣東。)會糧盡引退。斬其將王雙。出師之際。羣臣多以爲疑。乃上言於帝。卽後出師表。(附錄於後)此五年中。以庚申爲最惡劣。蓋大運在庚。而又歲値庚申。金多生水。是以滿溢。其餘四載。歲逢木火。故可裕如。丁未生子。亦火能濟水之明證也。四十九歲己酉。小限甲辰。春。侯遣趙式攻武都(縣名。屬甘肅省。)陰平。(縣名。故城在今甘肅省。文縣西北。)遂克定二郡。詔復爲丞相。冬。侯徙府營於南山下原上。築漢樂二城。(漢城在今沔縣。樂城在今城固。俱屬陝西省。)是歲。孫權稱帝。與蜀約盟。共分天下。乃遣衞尉陳震慶權正號。五十歲庚戌。小限癸卯。秋七月。魏寇漢中。侯出次陳固(今屬漢中府。)以待之。召李嚴爲驃騎將軍。將二萬人。赴漢中。會天大雨三十餘日。棧道斷絕。魏師還。五十一歲辛亥。小限壬寅。侯復率諸軍圍祁山。始以木牛運。敗司馬於鹵城。(在今甘肅省。大水伏羌縣之間。鹵音魯。)以糧盡退軍。又斬其追將張郃。音合五十二歲壬子。小限辛丑。侯休士勸農於黃沙。城在陝西省沔縣東北。作流馬木牛畢。教兵講武。五十三歲癸丑。小限庚子。冬侯使諸軍運米集於斜谷口。治斜谷邸閣。邸音底。薺韻。是歲南夷劉胄反。將軍馬忠破平之。此五年。雖不安寧。無大出入。蓋寅申巳雖爲三刑。而寅運中藏木火。不無裨益也。五十四歲甲寅。小限己亥。春侯率衆十萬。由斜谷伐魏。遣使約吳同時大舉。進軍渭南屯五丈原。在陝西省郿縣西南與岐山縣接界。魏大將軍司馬懿。引兵拒守。乃分兵屯田。爲久駐之計。耕者雜於渭濱居民之間。百姓安堵。軍無私焉。相持百餘日。其年八月癸酉二十八日庚辰。侯疾病。卒於軍。此固歲枝之寅。衝申刑巳之弊。然若無癸酉月。庚辰日。助紂爲虐。尚不致如是之烈。推其究竟。侯之造。實則水金火三行爲主。水清金白。只需火濟。一旦運逢己土。反有渾濁之虞。呂氏春秋云。水之性清。土者扣之。驗之於此。而益信也。嗚呼。鞠躬盡力。死而後已。此侯六年前之語。今實做到。眞可謂言行一致者矣。魏際瑞詠五丈原。有句云。

漢業如灰已不然。忠臣孤掌撥寒烟。三分天下四川地。六出祁山五丈原。司馬但能拚急走。臥龍到此竟長眠。至今原上秋風色。一月長如八月天。可謂沉痛至矣。

附錄

隆中對

昭烈曰漢室傾頹。姦臣竊命。主上蒙塵。孤不度德量力。欲信大義於天下。而智術淺短。遂用猖獗。至於今日。然志猶未已。君謂計將安出。亮答曰。自董卓已來。豪傑並起。跨州連郡者。不可勝數。曹操比於袁紹。則名微而衆寡。然操遂能克紹。以弱爲强者。非惟天時。抑亦人謀也。今操已擁百萬之衆。挾天子以令諸侯。此誠不可與爭鋒。孫權據有江東。已歷三世。國險而民附。賢能爲之用。此可與爲援而不可圖也。荊州北據漢沔。利盡南海。東連吳會。西通巴蜀。此用武之國。而其主不能守。此殆天所以資將軍。將軍豈有意乎。益州險塞。沃野千里。天府之國。高祖因之以成帝業。劉璋闇弱。張魯在北。民殷國富。而不知存恤。智能之士。思得明君。將軍既帝室之冑。信義著於四海。總攬英雄。思賢如渴。若跨有荆益。保其巖阻。西和諸戎。南撫夷越。外結好孫權。內修政理。天下有變。則命一上將。將荆州之軍。以向宛洛。將軍身率益州之衆。以出秦川。百姓孰敢不簞食壺漿。以迎將軍者乎。誠如是。則霸業可成。漢室可興矣。蜀志

前出師表

臣亮言。先帝創業未半。而中道崩殂。今天下三分。益州疲弊。此正危急存亡之秋也。然侍衞之臣。不懈於內。忠志之士。忘身於外者。蓋追先帝之殊遇。欲報之於陛下也。誠宜開張聖聽。以光先帝之遺德。恢弘志士之氣。不宜妄自菲薄。引喻失義。以塞忠諫之路也。宮中府中。俱爲一體。陟罰臧否。不宜異同。若有作奸犯科。及爲忠善者。宜付有司。論其刑賞。以昭陛下平明之理。不宜

偏私。使內外異法也。侍中侍郎郭攸之。費禕。董允等。此皆良實。志慮忠純。是以先帝簡拔以遺陛下。愚以爲宮中之事。事無大小。悉以咨之。然後施行。必能裨補闕漏。有所廣益。將軍向寵。性行淑均。曉暢軍事。試用於昔日。先帝稱之曰能。是以衆議舉寵爲督。愚以爲營中之事。悉以咨之。必能使行陣和睦。優劣得所。親賢臣。遠小人。此先漢所以興隆也。親小人。遠賢臣。此後漢之所以傾頹也。先帝在時。每與臣論此事。未嘗不歎息痛恨於桓靈也。侍中尚書長史參軍。此悉貞良死節之臣。願陛下親之信之。則漢室之隆。可計日而待也。臣本布衣。躬耕於南陽。（縣名・今屬河南省・縣西南七里・有臥龍岡・諸葛草廬在焉・）苟全性命於亂世。不求聞達於諸侯。先帝不以臣卑鄙。猥自枉屈。三顧臣於草廬之中。諮臣以當世之事。由是感激。遂許先帝以驅馳。後值傾覆。受任於敗軍之際。奉命於危難之間。爾來二十有一年矣。（臣松之案・劉備以建安十三年・敗・遣亮使吳・亮以建興五年・抗表北伐・自傾覆至此・整二十年・然則備始與亮相遇・在敗軍之前一年時也・）先帝知臣謹慎。故臨崩寄臣以大事也。受命以來。夙夜憂歎。恐託付不效。以傷先帝之明。故五月渡瀘。瀘水。即今之金沙江。深入不毛。漢書地理志曰。瀘津水。出牂牁郡。句町縣今南方已定。兵甲已足。當獎率三軍。北定中原。庶竭駑鈍。攘除奸凶。興復漢室。還於舊都。此臣所以報先帝而忠陛下之職分也。至於斟酌損益。盡進忠言。則攸之禕允之任也。願陛下託臣以討賊興復之效。不效則治臣之罪。以告先帝之靈。若無興德之言。則責攸之禕允等之慢。以彰其咎。陛下亦宜自謀。以諮諏善道。察納雅言。深追先帝遺詔。臣不勝受恩感激。今當遠離。臨表涕零。不知所言。蜀志

後出師表

先帝慮漢賊不兩立。王業不偏安。故託臣以討賊也。以先帝之明。量臣之才。故知臣伐賊。才弱敵彊也。然不伐賊。王業亦亡。惟坐而待亡。孰與伐之。是故託臣而弗疑也。臣受命之日。寢不安席。食不甘味。思惟北征。宜先入南。故五月渡瀘。深入不毛。並日而食。臣非不自惜也。顧王業不可偏安於蜀都。故冒

危難以奉先帝之遺意也。而議者謂爲非計。今賊適疲於西。又務於東。兵法乘勢。此進趨之時也。謹陳其事如左。高帝明竝日月。謀臣淵深。然涉險被創。危然後安。今陛下未及高帝。謀臣不及良平。而欲以長計取勝。坐定天下。此臣之未解一也。劉繇王朗。各據州郡。論安言計。動引聖人。羣疑滿腹。衆難塞胸。今歲不戰。明年不征。使孫策坐大。遂併江東。此臣之未解二也。曹操智計。殊絕於人。其用兵也。髣髴孫吳。然困於南陽。險於烏巢。危於祁連。偪於黎陽。幾敗北山。殆死潼關。然後僞定一時耳。況臣才弱。而欲以不危而定之。此臣之未解三也。曹操五攻昌霸不下。四越巢湖不成。任用李服。而李服圖之。委任夏侯。而夏侯敗亡。先帝每稱操爲能。猶有此失。況臣駑下。何能必勝。此臣之未解四也。自臣到漢中。中間朞年耳。然傷趙雲。陽羣。馬玉。閻芝。丁立。白壽。劉郃音台鄧銅等。及曲長屯將七十餘人。突將無前。與前同賨叟青羌散騎武騎。一千餘人。此皆數十年之內。所糾合四方之精銳。非一州之所有。若復數年。則損三分之二也。當何以圖敵。此臣之未解五也。今民窮兵疲。而事不可息。事不可息。則駐與行。勞費正等。而不及早圖之。欲以一州之地。與賊持久。此臣之未解六也。夫難平者事也。昔先帝敗軍於楚。當此之時。曹操拊手謂天下已定。然後先帝東連吳越。西取巴蜀。舉兵北征。夏侯授首。此操之失計。而漢事將成也。然後吳更違盟。關羽毀敗。秭歸蹉跌。曹丕稱帝。凡事如此。難可逆料。臣鞠躬盡力。死而後已。至於成敗利鈍。非臣之明所能逆覩也。蜀志

誡子書

夫君子之行。靜以修身。儉以養德。非澹泊無以明志。非甯靜無以致遠。夫學欲靜也。才欲學也。御覽二欲字皆作須 非學無以廣才。非靜無以成學。慆音滔 慢則不能研精。研一作礪 險躁則不能理性。理一作治 年與時馳。意與日一作歲 去。遂成枯落。多不接世。悲守一作歎 窮廬。將復何及。北堂書鈔 太平御覽

沔縣謁諸葛忠武侯祠

天漢遙遙指劍關。逢人先問定軍山。惠陵草木冰霜裏。丞相祠堂檜柏間。八陣風雲通指顧。一江波浪急潺湲。遺民衢路還私祭。不獨英雄血淚斑。精華錄

武侯祠聯

諸葛忠武侯廟。有集句一聯云。可託六尺之孤。可寄百里之命。君子人與。君子人也。隱居以求其志。行義以達其道。吾聞其語。吾見其人。一聯云。自任以天下之重如此。是知其不可而爲之與。皆能恰稱身分。勝讀陳承祚史評矣。又有一聯云。伊呂允堪儔。若定指揮。豈僅三分興霸業。魏吳偏並峙。永懷匡復。猶餘兩表見臣心。

陳東橋孝廉。述靈川縣有諸葛祠聯云。梁父吟成高士志。出師表見老臣心。又云。成大事以小心。一生謹慎。仰流風於遺像。萬古清高。忘卻撰者姓名。

四川成都城外有丞相祠堂。楹聯林立。鄂潤泉督部鄂山聯云。望重南陽。想當年羽扇綸巾。忠貞扶季漢。澤周西蜀。愛此地浣花濯錦。香火擁靈祠。又蔣

礪堂節相（攸銛）聯云。曰宮曰殿曰幸且曰奔。詩史留題。千古猶存正統。書吳書魏書漢不書蜀。儒臣特筆。三分豈是偏安。

四川寧遠府有丞相祠。戴羲門督部（三錫）聯云。籌策在攻心。當年化洽賓幪。冠帶百蠻歸典屬。安邊曾叱馭。此日風淸甌脫。雲霄萬古仰宗臣。聞是湖南湘鄉令嚴麗生（學淦）代撰。嚴本才士。搖筆故自不同。（以上楹聯叢話）

蜀諸葛丞相祠聯云。日月同懸出師表。風雲常護定軍山。興亡天定三分局。今古人思五丈原。已知天定三分鼎。猶竭人謀六出師。語皆可傳。（冷廬雜識）

相傳河南南陽府城樓。舊有楹聯云。眞人白水生文叔。名士靑山臥武侯。對仗渾成。尤稱傑搆。或疑諸葛應稱忠武侯。但曰武侯。恐未盡善。然古人二字三字諡。後人只稱其一字者甚多。如衞之叡聖武公。只稱武公。貞惠父子。只稱公叔父子。楚之頃襄王。只稱襄王。秦之昭襄王。只稱昭王。諸葛之稱武侯。亦其例耳。（楹聯叢話）

石崇 六

晉。姓石氏。苞第六子。名崇。字季倫。渤海南皮人。南皮縣名。故城在今河北省南皮縣東。津浦鐵路。貫其西境。生於青州。故治即今山東省。益都縣。故小名齊奴。少敏惠。除修武令。修武縣名。今河南省。獲嘉縣治。入爲散騎郎。遷城陽太守。城陽故城。在今山東省。濮縣東南。封安陽鄉侯。元康二年癸丑。年四十五。出爲南中郎將。累遷荊州刺史。嘗刼遠使商客。致富不貲。於河陽縣名。故城在今河南省。孟縣西。三十五里。置金谷別館。在今河南省。洛陽縣西北。送者傾都。帳飲於此。尋拜衞尉。遷常侍。與潘岳諂事賈謐。謐與之親善。號曰二十四友。又與貴戚王愷羊琇之徒。奢靡相尚。及賈謐誅。崇以黨與免官。時趙王倫專權。崇有妓女曰綠珠。美而艷。善吹笛。孫秀使人求之。崇不與。秀怒。乃勸倫矯詔殺之。一門皆被害。年五十二。時爲惠帝永康元年庚申。有集六卷。

蜀漢後主延熙十二年七月初九日辰時生參晉書通會

晉惠帝永康元年□□月□日□時卒

己巳	命	九歲 十九	庚午 己巳
辛未	宮	二九 三九	戊辰 丁卯
甲午	己	四九 五九	丙寅 乙丑
戊辰	巳	六九 七九	甲子 癸亥

曩讀晉書(卷三十五)石苞傳。附載其子崇。字季倫。少敏惠。勇而有謀。年二十餘。為修武令。有能名。入為散騎郎。遷城陽太守。伐吳有功。封安陽鄉侯。在郡雖有職務。好學不倦。頃之。拜黃門郎。元康初。楊駿輔政。大開封賞。多樹黨援。崇與散騎何攀。共奏惠帝。敘述封賞濫溢之弊。(原文附錄於後)珊雖不敏。認為頗有見地。心竊儀之。及至出為南中郎將。荊州刺史。恕任俠。無行檢。刧遠使商客。致富不貲。頃拜太僕。出為征虜將軍。假節監徐州諸軍事。鎮下邳。崇有別館在河陽之金谷。一名梓澤。(註均見前)送者傾都。帳飲於此。至鎮。與徐州刺史高誕爭酒相侮。為軍司所奏。免官。復拜衛尉。諂事賈謐。廣成君每出。(廣成君郭槐。乃賈充後娶之婦。性妬忌。)

初生子黎民。年三歲。乳母抱之當閤。黎民見充入。喜笑。充就拊之。槐望見。謂充私乳母。卽鞭殺之。黎民戀念。發病而死。後又生男。過期。復爲乳母所抱。充以手摩其頭。郭疑乳母。又殺之。兒亦思慕而死。充遂無胤嗣。及薨。輒以外孫韓謐爲黎民子。奉充後。名曰賈謐。字長深。賈后專恣。謐權過人主。歷位侍中。與后謀。誣陷太子。及趙王倫廢后。以詔召謐於殿前斬之。崇降車路左。望塵而拜。卑佞如此。前後似屬兩人。心竊怪之。又載崇財產豐積。室宇宏麗。後房百數。皆衣紈繡。珥金翠。絲竹盡當時之選。庖膳窮水陸之珍。與貴戚羊琇之徒。以奢靡相尙。愷以粘澳釜。崇以蠟代薪。愷作紫絲布步障四十里。崇作錦步障五十里以敵之。崇塗屋以椒。愷用赤石脂。崇愷爭豪如此。武帝每助愷。嘗以珊瑚樹賜之。高三尺許。枝柯扶疎。世所罕比。愷以示崇。崇便以鐵如意擊之。應手而碎。愷既惋惜。又以爲嫉己之寶。聲色方厲。崇曰。不足多恨。今還卿。乃命左右。悉取珊瑚樹。有高三四尺者六七株。條幹絕俗。光彩耀目。如愷比者甚衆。愷恍然自失。吾讀至此。竊又訝之。時趙王倫專權。崇甥歐陽建。與倫有隙。崇有妓曰綠珠。美而艷。善吹笛。孫秀使人求之。崇時在金谷別館。方登涼臺。臨淸流。婦人侍側。使者以告。崇盡出其婢妾數十人以示之。皆蘊蘭麝。被羅縠。曰任所擇。使者曰。君侯服御。豐則豐矣。然本受命指索綠珠。不識孰是。崇勃然曰。綠珠吾所愛。不可得也。使者曰。君侯博通古今。察遠照邇。願加三思。崇曰不然。使者出而又反。崇竟不許。秀怒乃勸倫誅崇建。崇建亦潛知其計。乃與黃門郎潘岳陰勸淮南王允齊王冏以圖倫秀。秀覺之。遂矯召收崇。及潘岳歐陽建等。崇正宴於樓上。介士到門。崇謂綠珠曰。我爲爾得罪。綠珠泣曰。當效死於官前。因自投於樓下而死。崇曰吾不過流徙交廣耳。及車載至東市。崇乃歎曰。奴輩利吾家財。收者答曰。知財之害。何不早散之。崇不能答。崇母兄妻子無少長。皆被害。死者十五人。崇時年五十二。吾讀至此。吾因嘆其悖出悖入。孽由自作。而益信聖人所謂天道虧盈。地道變盈。鬼神害盈。人道惡盈。爲不虛也。史稱崇少敏惠。勇而有謀。秀稱崇博通古今。察遠照邇。今竟如斯。殆亦有命存焉。豈敏惠勇謀。博通照察。所能幸免者哉。三命通會卷八載其八字。己卯。壬申。丙申。壬辰。原註云。石崇富稱敵國。死於非命。珊謹按之。知爲甘露四年七月初九日辰時生。然證以歷代名人年譜所載。又知爲不然。必須年遵年譜。月日時仍遵通會。年爲己巳月爲辛未。日爲甲午。時爲戊辰。始可與混元賦所云。財庫遇三合之鄉。石崇作萬金之主。遙相印合。不寧惟是。卽證以崇之經歷。亦復絲絲入扣。查得日幹之甲以戊己爲財星。以未辰爲墓庫。今幹透戊己。枝藏戊己。而辰巳午未。又復一氣呵成。不僅財庫遇三合。直是財庫連珠也。魄力之大。概可想見。（珊論命．從不囿於財官等名詞．玆姑藉此形容之耳．）而況誕臨大暑節後。陰濃綠樹。雄偉參天。再益以生年己巳。生時戊辰。納音大林之木。左右輝映。其爲氣象萬千。更屬顯然。惜四柱少水。光芒太露。高危滿溢。豈無故哉。自二十五歲癸卯。封安陽鄉侯。三十六歲甲辰。至四十三歲辛亥。拜黃門郎。四十四歲壬子。上書諫帝。二十年來。平鋪直敘。心君泰然。其美不在巳戊辰丁之運。而在水木流年之情致纏綿也。四十五歲卯運。帝旺助力。此乃生平第一好運。是以出爲荊州刺史。監徐州諸軍事。拜太僕。拜衞尉。果能聚精會神。何難福民利國。乃計不出此。居然橫征暴歛。刼客剝商。諂笑脅肩。窮奢極欲。豈不重可惜耶。及至五十二歲丙運。歲値庚申。小限庚寅。運尅歲。歲尅幹。申衝寅。寅刑巳。卒至因財買禍。爲色殺身。悲夫。

附錄

議奏封賞當依準舊事

陛下聖德光被。皇靈啓祚。正位東宮。二十餘年。道化宣流。萬國歸心。今承洪基。此乃天授。至於班賞行爵。優於泰始革命之初。不安一也。吳會僭逆。幾於百年。邊境被其荼毒。（荼音塗）朝廷爲之旰食。（旰音幹。晚也。）先帝決獨斷之聽。奮神武之略。蕩滅逋寇。易于摧枯。然謀臣猛將。猶有致忠竭力之效。而今恩澤之封。優於滅吳之功。不安二也。上天眷祐。實在大晉。卜世之數。未知其紀。今之開制。當垂于後。若尊卑無差。有爵必進。數世之後。莫非公侯。不安三也。臣等敢冒陳聞。竊謂泰始之初。及平吳論功制度。名牒皆悉具存。縱不能遠遵古典。尙當依準舊事。晉書、石崇傳・元康初・楊駿輔政・大開封賞・多樹黨援・崇與散騎郎蜀郡何攀・共立議・奏于惠帝云云・弗納・

金谷詩序

余以元康六（水經注作七）年。從太僕卿出爲使持節監靑徐諸軍事。征虜將軍。有別廬在河南縣界金谷澗中。去城十里。或高或下。有淸茂泉林。衆果竹柏藥草之屬。金田十頃。羊二百口。鷄猪鵝鴨之類。莫不畢備。又有水碓魚池土窟。其爲娛目歡心之物備矣。時征西大江軍祭酒王詡。當還長安。余與衆賢共送往澗中。晝夜遊宴。屢遷其坐。或登高臨下。或列坐水濱。時琴瑟笙筑。合載車中。道路竝作。及住。令與鼓吹遞奏。遂各賦詩。以敍中懷。或不能者。罰酒三斗。感性命之不永。懼凋落之無期。故具列時人官號。姓名年紀。又寫詩箸後。後之好事者。其覽之哉。凡三十人。吳王師議郎。關中侯始平武功蘇紹。字世嗣。年五十。爲首。以上全晉文卷三十三

陶弘景七

梁。姓陶氏。名弘景。字通明。江蘇丹陽秣陵（在江寧縣南五十里。）西鄉下里人。永光乙巳。甫十歲。得葛洪神仙傳。晝夜研尋。便有養生之志。讀書萬餘卷。善琴棋。工草隸。齊高帝建元壬戌。（年二十七）引爲諸王侍讀。雖在朱門。閉影不交外物。惟以披閱爲務。永明壬申。（年三十七）脫朝服。掛神武門。上表辭祿。隱居句曲山。（在江蘇句容縣東南周百五十里。南通天目諸山。黟山北脈之特起者也。昔漢有咸陽三茅君得道。來掌此山。故謂之茅山。山本名句曲。以形似己字句曲有所容。故邑號句容。有三峯。曰大茅。中茅小茅。）自號華陽隱居。晚號華陽眞逸。又曰華陽眞人。性好著述。尙奇異。顧惜光景。老而彌篤。尤明陰陽五行。風角星算。山川地理。方圖產物。醫術本草。又嘗造渾天象。著古今刀劍錄。三命抄略。相經。眞誥等書。梁武帝蚤與之游。即位徵之不出。每有吉凶征討大事。無不諮請。時人謂之山中宰相。大同丙辰三月癸丑。年八十一。（梁書誤爲八十五。非是。）無病而逝。顏色不變。屈伸如常。香氣累日。氤氳滿山。贈中散大夫。諡貞白先生。或傳其仙去云。

南北朝宋孝武帝孝建三年五月初一日丑時生

南北朝梁武帝大同二年三月十二日巳時卒

丙申	命	五歲 十五	乙未 丙申
甲午	宮	二五 三五	丁酉 戊戌
乙卯	丁	四五 五五	己亥 庚子
丁丑	酉	六五 七五	辛丑 壬寅

笪蟾光審編茅山志。載貞白先生生於南北朝宋孝建三年丙申歲夏至之日。未曉時生。珊謹按夏至之間。昏刻亥初。旦刻丑正。日出於寅。日入於戌。貞白先生生時未曉。其爲丑時無疑。八字乃是丙申甲午乙卯丁丑。造微賦云。天幹連珠。朝廷擢用。今月幹值甲。日幹值乙。年幹值丙。時幹值丁。其爲連珠可知。世謂先生爲山中宰相。此與朝廷擢用無殊也。三車一覽云。學堂有氣。惟利師儒。今月枝之午。適值學堂。時方夏至。火氣正揚。是以先生顧惜光陰。

愛好墳籍既嫺章曆學之術尤好太乙遁甲之書卽素問之方琴操之法羿射荀碁蘇卜管筮咸悉搜求靡不精詣惟利師儒豈無故耶徒以午乘孤虛丑乘空亡是以隱居求志行義達道以歸空爲美以無形爲貴也總之乙木日元夏生多亢金水二者乃是喜神若四柱缺金缺水雖有智慧亦未如之何也今年枝之申與時枝之丑各藏金水而行運又得申酉亥庚子辛丑壬之金水與用神共表同情是以獻頌而得褒贊居官而獲淸名卽諮稟道家符圖經法棲託茅山而得楊許眞跡以及東行浙越伏處華陽竟能左右逢源頭頭是道者不盡人工有天命在焉至云享年八十有一大運滋寅歲屆丙辰具見衝申亢木雖有道之士亦不得不告一段落也

附錄

解官表

臣聞堯風沖天潁陽振飲河之談漢德括地商陰峻餐芝之氣臣棲遲早日

簪帶久年。仕豈留榮。學非待祿。恆思懸纓象闕。孤耕隴下。席月澗門。橫琴雲際。始奉中恩。得遂丘壑。今便滅影桂庭。神交松友。一出東關。故鄉就望。睠然興念。臨波瀉淚。臣舟棹已端。無緣躬詣。不任攀戀之誠。謹奉表以聞。本集

本草序

隱居先生。在於茅山巖嶺之上。以吐納餘暇。頗遊意方技。覽本草藥性。以爲盡聖人之心。故撰而論之。舊說皆稱神農本經。余以爲信然。昔神農氏之王天下也。畫八卦以通鬼神之情。造耕種以省殺生之弊。宣藥療疾。以拯夭傷之命。此三道者。歷衆聖而彌彰。文王孔子。彖象繫辭。幽贊人天。后稷伊尹。播厥百穀。惠被羣生。岐黃彭扁。振揚輔導。恩流含氣。並歲踰三千。民到於今賴之。但軒轅以前。文字未傳。如六爻指垂。畫象稼穡。卽事成迹。至於藥性所主。當以識識相因。不爾。何由得聞。至於桐雷。乃著在於編簡。此書應與素問同類。但後多更脩飾之爾。秦皇所焚。醫方卜術不預。故猶得全錄。而遭漢獻遷

徙。晉懷奔迸。文籍焚靡。十不遺一。今之所存。有此四卷。是其本經所出郡縣乃後漢時制。疑仲景元化等所記。又云有桐君採藥錄。說其花葉形色。藥對四卷。論其佐使相須。魏晉以來。吳普李當之等。更復損益。或五百九十五。或四百四十一。或三百一十九。或三品混糅。冷熱舛錯。草石不分。蟲獸無辨。且所主治。互有得失。醫家不能備見。則識智有淺深。今輒苞綜諸經。研括煩省。以神農本經三品。合三百六十五爲主。又進名醫副品。亦三百六十五。合七百三十種。精麤皆取。無復遺落。分別例條。區畛物類。（畛音軫又音眞。義同。井田間陌也。）兼注名時用。土地所出。及仙經道術所須。幷此序錄。合爲七卷。雖未足追踵前良。蓋亦一家撰製。吾去世之後。可貽諸知音耳。（道藏尊字號。陶隱居集。）

肘後百一方序

太歲庚辰。隱居曰。余宅身幽嶺。迄將十載。雖每植德施工。多止一時之設。可以傳芳遠裔者。莫過於撰述。見葛氏肘後救卒方。殊足申一隅之思。夫生民之所爲大患。莫急乎疾疹。疾疹而弗治。猶救火而不以水也。今輦掖左右。師藥易尋。郊郭之外。已自難値。況窮村迥陌。遙山絶浦。其間夭枉。焉可勝言。方術之書。卷帙徒煩。拯濟蓋寡。就欲披覽。回惑多端。抱朴此製。實爲深益。然尙有闕漏。未盡其善。輒更採集補闕。凡一百一首。以朱書甄別。爲肘後百一方。於雜病單治。略爲周遍矣。昔應璩爲百一詩。以箴規心行。今予撰此。蓋欲衞輔我躬。且佛經云。人用四大成身。一大輒有一百一病。是故身宜自想。上自通人。下逮衆庶。莫不各加繕寫。而究括之。余又別撰效驗方五卷。具論諸病證候。因藥變通。而並是大治。非窮居所資。若華軒鼎室。亦宜修省耳。葛氏序云。可以施於貧家野居。然亦不止如是。今縉紳君子。若常處閒佚。乃可師藥有方。脫從祿外邑。將命遠途。或祇直禁闈。晨宵閉隔。或羈束戎陣。城壘嚴阻。忽驚急倉卒。唯拱手相看。孰若便採之枕笥。則可庸豎成醫。故備論節度。使曉然無滯。一披條領。無使過差也。道藏尊字號陶隱居集．藝文類聚七十五．以上：梁文卷四十七

與從兄書

仕宦期四十。左右作尚書郎。即抽簪高邁。今三十六。方作朝奉・請。頭顱可知。不如早去。（本集）

與親友書

疇昔之意。不願處人間。年登四十。畢志山藪。今已三十六矣。時不我借。知幾其神乎。毋爲自苦也。（本集）

答謝中書書

山川之美。古來共談。高峯入雲。淸流見底。兩岸石壁。五色交輝。青林翠竹。四時俱備。曉霧將歇。猿鳥亂鳴。夕日欲頹。沈鱗競躍。實是欲界之仙都。自康樂以來。未復有能與其奇者。（藝文類聚・全梁文卷四十六 以上）

隱居之父善書

陶隱居父貞寶。家貧以寫經爲業。書類蕭思話羊欣。一紙價四十。以故隱居

五六歲。即解書。而性好仙宗。遍索楊許二眞手蹟而次第之。以成眞誥。凡道術種種。世未有不源而波浪横溢者也。六硯齋二筆

山中宰相

梁陶弘景隱居華陽。絕意仕宦。人稱山中宰相。武帝往見。問之曰。山中何所有。弘景答曰。山中何所有。嶺上白雲多。但可自怡悅。不堪持贈君。後屢聘不出。惟畫兩牛於壁。一牛散於水草之間。一牛着金籠頭。有人執鞭以杖驅之。帝曰。此人欲效曳尾之龜。豈可致之。堅瓠六集

張巡 八

唐。姓張氏。名巡。鄧州南陽人。(鄧州隋置・明清皆屬河南省・南陽府・今改爲鄧縣・)博通羣書。曉戰陣法。氣志高邁。略細節。開元末辛巳。(年三十三)擢進士第。由太子通事舍人。出爲清河令。(清河縣名・明清皆屬直隸省・卽今河北省・)治績最。而負節義。或以困阨歸者。傾貲振獲無吝。更調眞源令。(眞源縣名・明清皆屬直隸省・卽今河北省・)土多豪猾。巡下車以法誅之。餘黨莫不遷善。政簡約。民甚宜之。天寶十五載。丙申。(年四十八)安祿山反。巡起兵討賊。每戰輒克。拔衆至睢陽。(縣名・故城在今河南省商丘縣南・)與太守許遠合。賊將尹子琦。合衆十萬來攻。巡厲士固守。日中二十戰。氣不衰。詔拜御史中丞。數敗賊。固守數月。救兵不至。食盡。巡殺愛妾以饗士。至羅雀鼠。煮鎧弩以食。乃使南霽雲冒圍至臨淮告急。賀蘭進明。忌巡聲威。不肯救。至德二年丁酉。十月癸丑。卒以兵少食盡。與許遠等被執。大罵賊。不屈死。年四十有九。贈揚州大都督。享祀睢陽。號稱雙廟。

唐中宗景龍三年五月十八日卯時生（參唐書及名人生日表）

唐肅宗至德二年十月初九日□時卒（見唐書）

己酉	命	一歲 十一	己巳 戊辰
庚午	宮	二十一 三十一	丁卯 丙寅
癸酉	壬	四十一 五十一	乙丑 甲子
乙卯	申	六十一 七十一	癸亥 壬戌

唐書（卷一百九十二）忠義傳。載張巡至德二載十月癸丑遇害。年四十九。以此推之。知為景龍三年己酉生。然猶不知其所生之月日時也。及觀常熟孫師鄭原輯之名人生日表。（武進張惟驤季易增刊）乃知睢陽公誕辰。為五月十八日。茲就唐書所載。及韓昌黎張中丞傳後序所述。考其一生經歷。當以卯時生為合格。其八字即己酉。庚午。癸酉。乙卯。謹按年幹己屬土。月幹庚屬金。日幹癸屬水。時幹乙屬木。今己庚癸乙。順布天幹。土金水木。毫無參差。遞互相生。非常親切。巫

咸撮要云。四柱遞互相生。多逢喜慶。就此觀之。固已直方純粹。邁衆超羣。而況年月二枝之酉。又復將星交拱。宜其博通羣書。曉戰陣法。唐書語惟嫌時枝值卯。學堂貴人。衝犯將星。雖曰緯武經文。必操勝算。其如糧盡援絕。不免犧牲。然圖像凌煙。流芳青史。亦足以告慰在天之靈矣。總之。三金生水。水不弱矣。再益以命宮壬申。幹枝金水。遙相資助。水勢有餘。尤爲確鑿。所妙者年幹明見已土。月枝適逢午火。用神得力。不同尋常。觀於三十三歲丙運辛巳。擢進士。登高科。三十四歲丙運壬午。由通事舍人。出爲清河令。及調眞源令。治績既最。節義亦高。卽可知丙火大運。與太歲之巳火午火。均與癸水日元。有密切之關係也。四十八歲丑運丙申。安祿山反。賊首張通晤陷宋曹等州。譙郡太守宋州故治。在今河南商邱縣。曹州在山東曹縣西北七十里。卽今荷澤縣。譙郡。卽今安徽亳州治。楊萬石降賊。逼爲長史。公率吏哭元皇帝祠。遂起兵討賊。從者千餘。卽此更可見丙火濟水。關係重大。丑運陰刃。不過稍助權威而已。四十九歲仍行丑運。歲值丁酉。臨淮賊將楊朝宗。謀趨甯陵。絕公餉路。公外失巨依。拔衆保甯陵。今縣名，屬河南省。馬裁三百。兵三千。至睢陽。與太守許遠。城父令姚誾等合。誾音銀。乃遣將雷萬春南霽雲等領兵戰寧陵。北斬賊將二十。殺萬餘人。投尸於水。水爲不流。朝宗夜去。有詔拜公主客郎中。副河南節度使。祿山死。慶緒遣其下尹子琦等與朝宗合。凡十餘萬。攻睢陽。公勵士固守。日中二十戰。氣不衰。遠自以材不及公。請稟軍事。而居其下。公受不辭。遠專治軍粮戰具。前此遠將李滔救東平。遂叛入賊。大將田秀榮潛與通。或以告遠曰。晨出戰以碧帽爲識。視之如言。盡覆其衆還。輒曰。我誘之也。請以精騎往。易錦帽。遠以告公。公召登城。讓之。斬首示賊。因出薄戰。子琦敗。獲車馬牛羊。悉分士。秋毫無入其家。有詔拜公御史中丞。遠侍御史。誾吏部郎中。公欲乘勝擊陳留。子琦聞。復圍城。公語其下曰。吾蒙上恩。賊若復來。正有死耳。諸君雖捐軀。而賞不値勳。以此痛恨。聞者感慨。乃椎牛大饗。賊望兵少。大笑。公與遠親鼓之。賊潰。追北數十里。七月復圍城。適睢陽食盡士日食米一勺。齕木皮鬻紙而食。才千餘。人皆癯劣。不能彀。賊知外援絕。內糧盡圍益急。衆議東奔。公與遠議。以睢陽江淮保障也。若棄之。賊乘勝鼓而南。江淮必亡。且師饑衆行。必不達。十月癸丑。賊攻城。士病不能戰。公西向拜曰。孤城備竭。不能全。臣生不報陛下。死爲鬼以癘賊。城遂陷。與遠俱執。巡衆見之。起且哭。公曰。安之勿怖。死乃命也。衆不能仰視。子琦謂公曰。聞公督戰大呼。輒眥裂血面嚼齒皆碎。何至是。答曰。吾欲氣吞逆賊。顧力屈耳。子琦怒。以刀抉其口。齒存者三四。公罵曰。我爲君父死。爾附賊。乃犬彘也。安得久。子琦服其節。將釋之。或曰。彼守義者。烏肯爲我用。且得衆心。不可留。乃以刀刃脅降。公不屈。又降霽雲。未應。公呼曰。南八男兒死爾。不可爲不義屈。霽雲笑曰。欲將有爲也。公知我者。敢不死。亦不肯降。乃與姚誾雷萬春等三十六人遇害。觀此可知丑運陰刃助勢之强硬。觀此又可知日犯歲君三酉犯刑之危險。公曰死乃命也。誠然。文信國公正氣歌有云。或爲睢陽齒。或爲常山舌。當南宋之時。睢陽常山。業經媲美。迄今又六七百年。而公之大名。更洋溢乎中國。彼祿山子琦。今何在哉。

附錄

守睢陽

接戰春來苦。孤城日漸危。合圍侔月暈。分守若魚麗。屢厭黃塵起。時將白羽揮。裹瘡猶出陣。飲血更登陴。忠信應難敵。堅貞諒不移。無人報天子。心計欲何施。

夜聞笛

岧嶤試一臨。虜騎俯城陰。不辨風塵色。安知天地心。營開星月近。戰苦陣雲深。且夜更樓上。遙聞橫笛吟。

巡謝金吾將軍表云。想峨嵋之碧峯。豫遊西蜀。追綠耳於玄圃。保壽南山。逆賊祿山。殺戮黎獻。羶腥闕庭。臣被圍四十七日。凡一千八百餘戰。主辱臣死。

當臣效命之時。惡稔罪盈。是賊滅亡之日。唐詩紀事

李翰進張巡中丞傳表

臣聞聖主褒死難之士。育死事之孤。或親推轜車。或追建封邑。厚死有以慰生。撫存有以答亡。然後君臣之義。貫以生死。激勸之道。著於存亡。君所以不遺於臣。臣所以不背其君。君恩臣節。於是乎立。伏見故御史中丞。贈揚州大都督張巡。生於昌時。少習儒訓。屬逆胡搆亂。凶虐滔天。挺身下位。忠勇奮發。率烏合之衆。當漁陽之鋒。賊時竊據洛陽。控引幽朔。驅其猛銳。吞噬河南。巡前守雍邱。潰其心腹。及魯炅十萬之師。炅音憬。光也。或作耿。棄甲於宛葉。哥舒以天下之衆。敗績於潼關。兩宮出居。萬國波蕩。賊遂僭盜神器。鴟峙兩京。鴟音摛。支韻。鳶也。南臨漢江。西偪岐雍。羣師遷延而不進。列郡望風而出奔。而巡獨守孤城。不爲之卻。賊乃繞出巡後。議圖江淮。巡退軍睢陽。扼其咽領。前後拒守。自春徂冬。大戰數十。小戰數百。以少擊衆。以弱制强。出奇無窮。制勝如神。殺其兇醜。

凡九十餘萬。賊所以不敢越睢陽而取江淮。江淮所以保全者。巡之力也。城孤粮盡。外救不至。猶奮羸起病。擢鋒陷堅。俾三軍之士。啖膚而食。知死不叛。及城陷見執。終無撓詞。顧叱兇徒。精貫白日。雖古之忠烈。何以加焉。伏以光天文武大聖孝皇帝陛下。聰明文思。睿哲神武。提一旅之衆。復配天之業。賞功褒節。大賚羣臣。遂贈揚州。官及其子。此誠陛下發德音之美也。而議者或罪巡以食人。愚巡以守死。臣竊痛之。今臣敢取十倫以議巡過。以塞衆口。惟聖聽鑒焉。臣聞人秉教以立身。刑原情而定罪。故事有虧教。則人道不列。刑有非罪。則王法不加。忠者臣之教。恕者法之情。今巡握節而死。非虧教也。析骸而爨。非本情也。春秋之義。以功覆過。咎繇之典。容過宥刑。故大易之戒。遏惡揚善。爲國之體。錄用棄瑕。今衆議巡罪。是廢君臣之教。絀忠義之節。不以功掩過。不以刑恕情。善遏惡揚。錄瑕棄用。非所以奬人倫明勸戒也。且逆胡背德。人鬼所讎。朝廷衣冠。沐恩累代。大臣將相。從逆比肩。而巡朝廷不登。坐宴不與。不階一伍之衆。不假一節之權。感肅義旅。奮身死節。此巡之忠大矣。賊勢凴凌。連兵百萬。巡以數千之衆。橫而制之。若無巡則無睢陽。無睢陽則無江淮。賊若因江淮之資。兵彌廣。財彌積。根結盤據。西向以拒王師。雖終於殲夷。而曠日持久。國家以六師震其西。巡以堅壘扼其東。故陝鄢一戰。而犬羊北走。王師因之而勢勝。聲勢纔接而城陷。此天意使巡保江淮。以待陛下之師。師至而巡死也。此巡之功大矣。古者列國諸侯。或相侵伐。猶有分災救患之義。況諸將同受國恩。奉辭伐罪乎。巡所以固守者。非惟懷獨克之志。亦以恃諸軍之救。救不至而食盡。食既盡而及人。乖其本圖。非其素志。則巡之情可求矣。設使巡守城之初。已有食人之計。損數百之衆。以全天下。臣猶曰功過相掩。況非其素志乎。在周典之三宥。其一曰宥過失。故語巡之忠。則可以教世教。議巡之功。則可以繫中興。原巡之情。則可以宥過失。昔夫子制春秋。明褒貶。齊桓將封禪。略而不書。晉文公召王河陽。書而諱之。蓋以匡戴之功大可以掩僭禪之過也。今巡蒼黃之罪。輕於僭禪。興復之功。重於匡戴。罪疑惟輕。功疑惟重。聖人之訓。昭然可徵。臣故謂巡者足可以爲訓矣。臣又聞罰不及嗣。賞延于世。此三代所以直道而行。今巡子亞夫。雖受一官。不免飢寒之患。江淮既巡所保。戶口充完。臣謂宜封以百戶。俾食其子。臣又聞强死爲厲。游魂爲變。有所歸往。則不爲災。巡既身首支離。將士等骸骼不掩。臣謂宜於睢陽城北。擇一高原。招魂葬送。巡幷將士大作一墓而葬。使九泉之魂。猶思效命。三軍之衆。有以輕生。既感幽明。且無寃厲。亦國家志過旌善。垂誡百世之義也。臣少與巡游。巡之平生。臣所知悉。今巡死大難。不覩休明。惟期令名。是其榮祿。若不時紀錄。日月寖悠。或掩而不傳。或傳而不實。而巡生死不遇。誠可悲焉。臣敢採所聞。得其親覩。撰傳一卷。昧死獻上。伏惟陛下。大明在上。廣運臨下。仁遐之德。洽于艱難。有善必紀。無微不錄。儻以臣所撰。編列史官。雖退死邱壑。骨而不朽。臣翰誠惶誠恐。頓首頓首。死罪死罪。唐文粹二十五卷

韓愈撰張中丞傳後序

元和二年四月十三日夜。愈與吳郡張籍閱家中舊書。得李翰所爲張巡傳。翰以文章自名。爲此傳頗詳密。然尙恨有闕者。不爲許遠立傳。又不載雷萬春事首尾。遠雖材若不及巡者。開門納巡。位本在巡上。授之柄而處其下。無所疑忌。竟與巡俱守死。成功名。城陷而虜。與巡死先後異耳。兩家子弟材智下。不能通知二父志。以爲巡死而遠就虜。疑畏死而辭服於賊。遠誠畏死。何若守尺寸之地。食其所愛之肉。以與賊抗而不降乎。當其圍守時。外無蚍蜉蟻子之援。所欲忠者國與主耳。而賊語以國亡主滅。遠見救援不至。而賊來益衆。必以其言爲信。外無待而猶死守。人相食且盡。雖愚人亦能數日而知死處矣。遠之不畏死亦明矣。烏有城壞。其徒俱死。獨蒙愧恥求活。雖至愚者不忍爲。嗚呼。而謂遠之賢而爲之耶。說者又謂遠與巡分城而守。城之陷自遠所分始。以此訽遠。此又與兒童之見無異。人之將死。其臟腑必有先受其病者。引繩而絕之。其絕必有處。觀者見其然。從而尤之。其亦不達於理矣。小人之好議論。不樂成人之美如是哉。如巡遠之所成就。如此卓卓。猶不得免。其他則又何說。當二公之初守也。甯能知人之卒不救。棄城而逆遁。苟此不能守。雖避之他處何益。及其無救而且窮也。其創殘餓羸之餘。雖欲去必不達。二公之賢。其講之精矣。守一城。捍天下。以千百就盡之卒。戰百萬日滋之師。蔽遮江淮。沮遏其勢。天下之不亡。其誰之功也。當是時。棄城而圖存者。不可一二數。擅彊兵坐而觀者相環也。不追議此。而責二公以死守。亦見其自比於逆亂。設淫辭而助之攻也。愈嘗從事於汴徐二府。屢道於兩府間。親祭於其所謂雙廟者。其老人往往說巡遠時事。云南霽雲之乞救於賀蘭也。賀蘭嫉巡遠之聲威。功績出己上。不肯出師救。愛霽雲之勇且壯。不聽其語。彊留之。具食與樂。延霽雲坐。霽雲慷慨語曰。雲來時。睢陽之人。不食月餘日矣。雲雖欲獨食。義不忍。雖食且不下咽。因拔所佩刀斷一指。血淋漓以示賀蘭。

一座大驚。皆感激。爲雲泣下。雲知賀蘭終無爲雲出師意。卽馳去。將出城。抽矢射佛寺浮圖。矢著其上甎半箭。曰吾歸破賊。必滅賀蘭。此矢所以志也。愈貞元中過泗州。船上人猶指以相語。城陷。賊以刃脅降巡。巡不屈。卽牽去。將斬之。又降霽雲。雲未應。巡呼雲曰。南八男兒死耳。不可爲不義屈。雲笑曰。欲將以有爲也。公有言。雲敢不死。卽不屈。張籍曰。有于嵩者。少依于巡。及巡起事。嵩常在圍中。籍大歷中於和州烏江縣見嵩。嵩時年六十餘矣。以巡初嘗得臨渙縣尉。好學無所不讀。籍時尚小。粗問巡遠事。不能細也。云巡長七尺餘。鬚髯若神。嘗見嵩讀漢書。謂嵩曰。何爲久讀此。嵩曰。未熟也。巡曰。吾於書。讀不過三偏。終身不忘也。因誦嵩所讀書。盡卷不錯一字。嵩驚。以爲巡偶熟此卷。亂抽他帙以試。無不盡然。嵩又取架上諸書。試以問巡。巡應口誦無疑。嵩從巡久。亦不見巡常讀書也。爲文章。操紙筆立書。未嘗起草。初守睢陽時。士卒僅萬人。城中居人戶亦且數萬。巡因一見問姓名。其後無不識者。巡怒。

鬚髯輒張。及城陷。賊縛巡等數十人坐。且將戮。巡起旋。其衆見巡起。或起或泣。巡曰。汝勿怖。死命也。衆泣不能仰視。巡就戮時。顏色不亂。陽陽如平常。遠寬厚長者。貌如其心。與巡同年生。月日後于巡。呼巡爲兄。死時年四十九。嵩貞元初死于亳宋間。或傳嵩有田在亳宋間。武人奪而有之。嵩將詣州訟理。爲所殺。嵩無子。張籍云。（昌黎全集）

張睢陽廟　宿松棠梨宮

不識松滋路。中丞何代祠。椒蘭紛玉座。風雪捲靈旗。橫笛聲猶苦。神絃響易悲。同堂眞廟食。南八是男兒。（漁洋山人精華錄）

張睢陽廟聯

台州巾子山張睢陽廟。屢著靈應。郡奉祀甚虔。楹聯云。慷慨誓師。守睢陽蕞爾之區。（蕞音最小貌）孤城中人皆樂死。從容盡節。振河北英雄之氣。千載後貌尙如生。運意精湛。又云。保障在江淮。業肇中興。正史論功先郭李。輝光齊日月。

心明大義。孤城著節邁顏盧。語亦圓穩。冷廬雜識

徐筠亭棻堂節錄云。張睢陽廟余邑處處皆有之。所見柱聯。切當者殊少。豈王之忠勇。難以名言乎。惟前明進士李春熙一聯云。孤忠百戰江山血。一死千秋天地魂。庶幾盡之。按余過京口日。聞都天廟會甚盛。廟卽祀睢陽。因停櫂兩日縱觀。並入廟瞻仰。至邗上。爲雲臺述及。師言甲辰年新修廟時。鄉人請製楹聯。因手書付之曰。顏許同名唐代人倫維氣類。李韓論定。熙朝廟貌屹江淮。當時奸臣曾勸睢陽以天道。公罵曰。不識人倫。焉知天道。此人倫二字所本。語頗沈著。且人倫廟貌。皆雙聲字也。

湖州雙忠祠祀張許二公。聯云。國士無雙雙國士。忠臣不二二忠臣。本色語顛撲不破。張南山云。粵中文謝二公祠中亦懸此聯。以上楹聯叢話

袁氏命譜卷二

潤德堂叢書之六

鎮江　袁樹珊著

呂　嵒九

唐。姓呂氏。名嵒。（與巖通山巖也俗作岩一作巖客）字洞賓。別號純陽子。又號回道人稱麻衣道者。世爲河中府永樂縣人。（永樂城。在陝西省。米脂縣西。）曾祖延之仕唐終于浙東節度使。祖渭。舉進士。終禮部侍郎。父讓。官至太子右庶子。頗有美才。自長慶以後。李德裕黨盛。呂氏諸子。無至達官者。呂嵒生有異表。鶴項龜背。鳳目疎眉。襁褓時。馬祖見之曰。此兒骨相不凡。自是風塵外物。他日遇盧則居。見鐘則扣。及少長。敦重少語。不好嬉戲。稟性純厚。仁孝聰明。日記萬言。矢口成文。喜戴華陽巾。衣黃白襴衫。繫大皂條。狀類張子房。年二十不娶。唐會昌中。兩舉進士不第。（仙史云。懿宗咸通中舉進士第。時年六十四。恐誤。證以萬曆御製序言可知。）因游長安。（古都城名。始於漢。在陝西省長安縣西北十三里。）遇正陽仙師。（姓鍾離。名權。字雲房。珊按。所謂遇鐘則扣也。）同憩酒肆中。仙師親自執爨。炊黃粱飯。呂困倦。仙師授以如意枕。遂就之熟睡。夢中升沉萬態。榮悴多端。恍然夢覺。炊尚未熟。不禁俯仰長嘆。仙師笑吟曰。黃粱猶未熟。一夢到華胥。呂驚問。仙師曰。子適來之夢。五十年間直同一瞬。得不足喜。喪何足憂。必須大覺而後知此爲一大夢也。呂乃感悟。遂拜仙師。求授度世之術。仙師試之至再。乃攜往鶴嶺洞天。授以陰陽天地日月交合之理。水火龍虎鉛汞抽天坐忘之法。繼又雲游廬山。（在江西星子縣西北。九江縣南。古名南障山。周時匡俗隱此。定王徵之不見。使使者訪之。則空廬存焉。故名廬山。一名匡山。總名匡廬。）遇火龍眞人。授以天遁劍法。於是密隱華峯羽谷。晦跡四十餘年。至唐末。人始知之。（珊按上文所謂遇廬則居也。）後登武昌黃鶴樓。（在湖北武昌縣西。漢陽門內。黃鶴山上。）化三級紅樓。上昇而去。爲北宗第三祖。卽俗傳八仙之一。又稱呂祖。所著有心易仙統。三成法書。敲爻歌。八品仙經。及諸口訣傳世。

唐德宗貞元十四年四月十四日巳時生。（見呂祖彙集）

卒年無考。

戊寅	命	十歲	二十	戊午	己未
丁巳	宮	三十	四十	庚申	辛酉
甲子	己	五十	六十	壬戌	癸亥
己巳	未	七十	八十	甲子	乙丑

呂祖彙集卷一載呂祖貞元十四年四月十四日巳時生。其八字當爲戊寅丁巳甲子己巳。謹按日元甲子生時己巳。幹透甲己會合化土。枝藏癸戊暗合化火。土得火生。正氣固充。日爲進神。時值文昌。秀氣尤足。凡此數者。皆與岳鄂王之造相同。至其生年戊寅。生月丁巳。則與岳鄂王迥異矣。蓋岳王之造。生年癸未。生月乙卯。貴人陽刃會合有情。呂祖之造。年枝帶祿。元月枝帶文昌長生。似亦不差。然寅爲驛馬。巳値孤虛。心地雖光明。仕途多偃蹇。所妙者。命宮己未。陽貴當權。合甲助勢。雖月幹丁字。暗中化木。得年幹戊字。暗中化火以調劑之。究無損於甲己化土之正格。此爲進氣化土格。因交拱孤虛。是以超然物外。是以運行辛字。

化水潤士。雖兩赴春闈下第。竟遇鍾離學仙。他不具論。觀於宋史隱逸陳摶傳有云。關西逸人呂洞賓。有劍術。百餘歲而童顏。步履輕疾。頃刻數百里。世以爲神仙。數來摶齋中。人咸異之。於此。足證洞賓爲貞元戊寅生。毫無疑義。蓋此時洞賓纔百四十五歲耳。至萬曆御製呂眞仙文集序言有曰。呂公唐咸通中。（珊按咸通乃會昌之誤）舉鄉進士未第。後遇雲房翁授以眞訣。製煉沖舉。爲仙宗之領袖。以清淨心。發大廣願。度盡羣迷。推道德之玄旨。演得一之眞傳。莫不言言而明心見性。字字而入聖超凡。故其詩曰。伏羲傳道至于今。窮理盡性至于命。都來一味藥。剛到數千般。三清聖位我亦有。本來只奪乾坤精。充之一集。皆是義也云云。更可謂推崇備至矣。

附錄

勉學

淨几明窗不可虛。莫貪幃薄失居諸。但將經史三冬足。定教鬢眉一旦舒。筆彩豈緣枯坐授。硯田當用苦功鋤。老人於子無他贈。五夜藜光數卷書。

寓意

荏苒光陰瞬息過。何名何利尙婆娑。青山不用金錢買。白眼憑他紫綬多。野服芒鞋行處好。粗茶淡飯與身和。不然尋箇幽閒地。構一茅菴是樂窩。

醒世

名利驅人似火牛。幾人平地把韁收。但思古昔英雄輩。那箇功名直到頭。

一日淸閒一日仙。何須世故太懸懸。黄庭熟讀勤參悟。白晝飛騰上九天。以上呂祖全書

戒淫

二八佳人體似酥。一作體態腰間仗劍斬凡夫。雖然不見人頭落。暗裏敎人骨髓枯。一作摧人○全唐詩

長生不老法

晝動機也。萬物皆動。而我亦動之。夜靜機也。萬物皆靜。而我亦靜之。一動一靜。與物消長。此天地自然之氣機。生生不息之道也。世人每多俾晝作夜。以夜繼日。是違天地自然之氣機。大悖乎生人之理。自絕乎化育之能矣。故晝而興。夜而寧。固而精。養而神。與物無競。寡慾清心。能知靜攝。可冀長生。呂祖全書

論四時

呂曰。天地日月之交合。年月日時。可得聞乎。鍾曰。凡時有四等。人壽百歲。一歲至三十。乃少壯之時。三十至六十。乃長大之時。六十至九十。乃老耄之時。九十至百歲。或至百二十歲。乃衰敗之時。此身中之時。一等也。若以十二辰爲一日。五日爲一候。三候爲一氣。三氣爲一節。二節爲一時。時有春夏秋冬。時當春也。陰中陽半。其氣變寒爲溫。乃春之時也。時當夏也。陽中有陽。其氣變溫爲熱。乃夏之時也。時當秋也。陽中陰半。其氣變熱爲涼。乃秋之時也。時當冬也。陰中有陰。其氣變涼爲寒。乃冬之時也。此年中之時。二等也。若以律

中起呂。呂中起律。凡一百三十日。三百六十辰。三千刻一十八萬分。月旦至上弦。陰中陽半。自上弦至月望。陽中陽。自月望至下弦。陽中陰半。自下弦至晦朔。陰中陰。此日月中之時。三等也。若以六十分爲一刻。八刻二十分爲一時。一時半爲一卦。其言卦定八方。論其正分四位。自子至卯。陰中陽半。以太陰中起少陽。自卯至午。陽中有陽。純少陽而起太陽。自午至酉。陽中陰半。以太陽中起少陰。自酉至子。陰中有陰。純少陰而起太陰。此日中之時。四等也。難得而易失者。身中之時也。去速而來遲者。年中之月也。急於電光。速如石火者。日中之辰也。積日爲月。積月爲歲。歲月蹉跎。年光迅速。貪名求利。而妄心未除。愛子憐孫。而恩情又起。縱得回心向道。爭奈年老氣衰。如春雪秋花。止有時間之景。夕陽曉月。應無久遠之光。奉道之士難得者。身中之時也。艷陽煙景。百卉芬芳。水榭危樓。淸風快意。月夜閒談。雪天對飲。恣縱無窮之樂。消磨有限之情。縱得回心向道。須是疾病纏身。如破舟未濟。誰無求救之心。

漏屋重完。忍絕再修之意。奉道之士慮過者。年中之時也。鄰鷄未唱。而出戶嫌遲。街鼓遍聞。而歸家恨早。貪癡爭肯暫休。妄想惟憂不足。滿堂金玉。病來著甚抵當。一眼兒孫。氣斷誰能替換。曉夜不停。世人莫悟。奉道之士可惜者。日中之時也。

呂曰。身中之時。年中之時。月中之時。日中之時。皆是時也。尊師獨以身中之時爲難得。又以日中之時爲可惜者。何也。鍾曰。奉道者。難得少年。少年者根元完固。凡事易於見功。止千日而可大成。奉道者。又難得中年。中年修持。先補益完備。次下手進功。始也返老還童。後卽超凡入聖。若少年不悟。中年不省。或因災難而留心淸淨。或因疾病而志在希夷。晚年修持。先論救護。次說補益。然後自小成法積功。以至中成。中成法積功。至於返老還童。煉形住世。而五氣不能朝元。三陽難爲聚頂。脫質升仙。無緣得成。是難得者。身中之時也。

論五行

呂曰。所謂五藏之氣。曰金木水火土。所謂五行之位。曰東南西北中。如何得相生相成。而交合有時乎。採取有時乎。願聞其說。鍾曰。大道既判。而生天地。天地既分。而列五帝。東曰青帝。行春令。於陰中起陽。使萬物生。南曰赤帝。行夏令。於陽中升陽。使萬物長。西曰白帝。行秋令。於陽中起陰。使萬物成。北曰黑帝。行冬令。於陰中進陰。使萬物死。四時各九十日。每時下十八日。黃帝主之。若於春時。助成青帝而發生。若於夏時。接序赤帝而長育。若於秋時。資益白帝而結立。若於冬時。制攝黑帝而嚴示。五帝分治。各主七十二日。合三百六十日。而爲一歲。輔弼天地以行道。青帝生子曰甲乙。甲乙東方木。赤帝生子曰丙丁。丙丁南方火。黃帝生子曰戊己。戊己中央土。白帝生子曰庚辛。庚辛西方金。黑帝生子曰壬癸。壬癸北方水。見於時而爲象者。木爲青龍。火爲朱雀。土爲勾陳。金爲白虎。水爲玄武。見於時而生物者。乙與庚合。春則有榆靑而白。不失金木之色。辛與丙合。秋則有棗白而赤。不失金火之色。己與甲合。夏末秋初有瓜靑而黃。不失土木之色。丁與壬合。夏則有椹赤而黑。不失水火之色。癸與戊合。冬則有橘黑而黃。不失水土之色。以類推求。五帝相交。而見於時。生在物者。不可勝數。

呂曰。五行在時若此。在人如何。鍾曰。惟人也。頭圓足方。有天地之機。腎爲水。心爲火。肝爲木。肺爲金。脾爲土。若以五行相生。則水生木。木生火。火生土。土生金。金生水。生者爲母。受生者爲子。若以五行相剋。則水剋火。火剋金。金剋木。木剋土。土剋水。剋者爲夫。受剋者爲妻。以子母言之。腎氣生肝氣。肝氣生心氣。心氣生脾氣。脾氣生肺氣。肺氣生腎氣。以夫妻言之。腎氣剋心氣。心氣剋肺氣。肺氣剋肝氣。肝氣剋脾氣。脾氣剋腎氣。腎者心之夫。肝之母。脾之妻。肺之子。肝者脾之夫。心之母。肺之妻。腎之子。心者肺之夫。脾之母。腎之妻。肝之子。肺者肝之夫。腎之母。心之妻。脾之子。脾者腎之夫。肺之母。肝之妻。心之子。心之見於內者爲脈。見於外者爲色。以舌爲門戶。受腎之制伏。而驅用於肺。蓋夫婦之理如此。得肝則盛。見脾則減。蓋子母之理如此。腎之見於內者爲骨。見於外者爲髮。以耳爲門戶。受脾之制伏。而驅用於心。蓋夫婦之理如此。得肺則盛。見肝則減。蓋子母之理如此。肝之見於內者爲筋。見於外者爲爪。以目爲門戶。受肺之制伏。而驅用於脾。蓋夫婦之理如此。見腎則盛。見心則減。蓋子母之理如此。肺之見於內者爲膚。見於外者爲毛。以鼻爲門戶。受心之制伏。而驅用於肝。蓋夫婦之理如此。得脾則盛。見腎則減。蓋子母之理如此。脾之見於內者爲藏。均養心腎肝肺。見於外者爲肉。以唇口爲門戶。呼吸定往來。受肝之制伏。而驅用於腎。蓋夫婦之理如此。得心則盛。見肺則減。蓋子母之理如此。此是人之五行相尅。而夫婦子母。傳氣衰旺。見於此矣。以上鍾呂傳道集

呂洞賓識相知命

呂洞賓先生。多遊人間。丁晉公通判饒州日。洞賓往見之。語公曰。君狀貌頗似李德裕。他日富貴皆如之。公咸平初。與楊文公言其事。今已執政。張洎家居。忽外有一隱士通謁。乃洞賓名姓。洎倒屣迎見之。洞賓自言呂渭之後。四子溫恭儉讓。讓終海州刺史。洞賓系出海州房。所任官唐史不載。唐書呂渭傳。四子。溫恭儉讓。讓官太子右庶子。與此稍異　索筆八分書七言四韻。留與洎。頗言將佐鼎席之意。末句云。成功當在破瓜年。俗以破瓜字爲二八。洎年六十四卒。乃其讖也。滕宗諒守巴陵。回道士上謁滕。口占曰。華州回道士。來到岳陽城。別我留何處。秋空一劍橫。回大笑而去。呂有詩在人間極多。三入岳陽人不識。朗吟飛過洞庭湖。又飲海龜兒人不識。燒山符子鬼難看。又一粒粟中藏世界。二升鍋內煑山川。竝見楊公談苑。又賣墨年年到鼎州。無端知府問蹤由。家居北斗魁星下。劍挂南窗月角頭。東坡詩話云。熙寧元年八月十九日。有道士過沈東老飲酒。用石榴皮寫絕句壁上。自稱回道人。出門至石橋上。先度橋數十步。不知所在。或曰。此呂洞賓也。詩曰。西隣已富憂不足。東老雖貧樂有餘。白酒釀來緣好客。黃金散盡爲收書。此東坡倅錢塘之日。今在石村沈家畫壁。猶存所畫之像。藤蔓交葳其體。惟面貌獨出。余往來茗雲屢見之。其他如磨鐵鏡。舞畫鶴。設僧供於長沙。隱姓名於谷客。其異跡固多有之。惟渡江以來。近在辛卯歲。嘗遊毗陵。繫青結巾。黃道服。皁絲草履。手持椶笠。自題曰。知命先生。自呼於市。荆門守胡公儔聞其聲頗異。延之問命。先生曰。公有壽。且得見次。不在清明五日。卽在清明後七日。至期。忽得報云。第二政已改受他郡。七日後。又得報云。見政有召命。胡始知其異人。乃悟知命字背從口。必是呂洞賓無疑。深恨不款延之。日夜追想其狀貌。欲使畫工圖之不可得。及至荆門半載。忽一日。公廳肅客。有急足聲喏云。某知州府有書信。今且往某州下書。回途卻請回書。客退開書。通寒暄外無他語。有一軸信開視。乃是南京石本呂公畫像。與在毗陵日所見衣巾狀貌無少異。公益嘆慕。胡後守滁州。爲刻石以誌其事。余乙亥歲。爲滁教。距辛卯歲五十餘年矣。以此知先生。未嘗不遊人間。但世人少有仙風道骨。遇之者鮮矣。西塘集耆舊續聞。刺史之刺與剌異。刺音賜。剌音辣。

呂翁夢

呂翁祠在邯鄲縣北二十里黃粱店。李長沙詩云。舉世空中夢一場。功名無地不黃粱。憑君莫向癡人說。說與癡人夢轉長。端溪王崇善詩云。曾聞世有盧生夢。只恐人傳夢未眞。一笑乾坤終有歇。呂翁亦是夢中人。家蒼書叔亦有詩云。白石清池仙觀重。當年化度見遺踪。巾瓢散作雲霞氣。雞犬曾爲富貴容。磁枕暫休行客倦。黃粱未許宦情濃。人間大夢知多少。誰爲浮生薄鼎鐘。又題盧生石像云。夢裏公侯醒後仙。盧生樂事獨千年。從來公案誰翻却。到此雄心自惘然。一片香臺留悟石。幾家茅店起炊煙。風塵依舊邯鄲道。那有雲房更作緣。呂相國宮和蒼叔詩。有撫石睡酣呼不起。停車炊熟夢無從之句。惜全首不能記憶。堅瓠五集

呂仙祠聯

邯鄲黃粱店。有呂公祠。百文敏公聯云。萬井烟濃。人間正熟黃粱夢。四山雲起。天上應開百奈花。

余屢過邯鄲。謁呂仙祠。記得有黃粱夢亭中懸舊聯云。睡至二三更時。凡功名都成幻境。想到一百年後。無少長俱是古人。亦警世語也。

汲縣白雲閣上。奉呂祖像。陶雲汀宮保聯云。杯前三尺青蛇。仙會恍遊蓬島路。笛外一聲黃鶴。我來猶記洞庭秋。又聯云。卅二色神仙寶光也。似佛也似儒。出世還入世。五千言道德眞嗣。亦稱師。亦稱祖。可名非常名。按宮保素不喜道家言。而譔聯乃諦當如此。

黃鶴樓中。奉純陽呂祖。百文敏公（百齡）聯云。敎孝敎忠。何殊十七世士夫。顯示化身扶正道。爲谿爲谷。直把五千言文字。參同妙契指迷津。或疑以純陽比文昌爲過。然同爲道敎宗主。何必強爲分別。嘉慶年間。勅各直省建立贊化宮。奉祀純陽。儀節與文昌等。則相提並論。豈爲過乎。又黃文炳聯云。遇有緣人。不枉我望穿眼孔。得無上道。祇要汝立定脚跟。

林少穆督部。題蘇州呂祖祠。時爲開河祈晴酬謝云。仙蹤曾現宰官身。濟世度人。水利農田蒙惠澤。道力能迴元始劫。通靈贊化。和風甘雨錫康年。以上楹聯

范仲淹十

宋。姓范氏。名仲淹。字希文。江蘇吳縣人。淳化辛卯。甫二歲而孤。隨母謝氏。改適長山朱氏。冒姓朱。名說。大中祥符己卯年二十七。舉進士。改本姓。謝啓云。志在投秦。入境遂稱爲張祿。名非霸越。乘舟乃效於陶朱。時人服其親切。初居長白山僧舍習讀。日賚粟米二升。作一器。刀畫爲四塊。早晚以斷虀數莖啖之。其淸苦如此。初舉進士。試金在鎔賦云。如令區別妍媸。願爲金鑑。若使削平禍亂。請就干將。將相器業。於此可見矣。晏殊薦爲祕閣校理。仁宗朝。遷吏部員外郎。權開封府事。忤呂夷簡。罷知饒州。(即今江西省鄱陽縣)徙潤州。(即今江蘇省鎭江縣)越州。(即今浙江省紹興縣治)元昊反。以龍圖閣直學士。副夏竦經略陜西。守邊數年。號令嚴明。愛撫士卒。羌人呼爲龍圖老子。夏人相戒。亦不敢犯其境。又曰。小范老子。胸中自有數萬甲兵。旋拜樞密副使。進參知政事。仲淹銳意天下。嘗曰。士當先天下之憂而憂。後天下之樂而樂。取班簿視不才監司。一筆勾之。富公曰。一筆勾去。一家哭矣。仲淹曰。一家哭。何如一路哭耶。仲淹輕財好施。尤厚族人。於姑蘇買良田數千畝爲義莊。以養族之貧者。嫁娶喪葬。皆有贍給。繼又出爲河東陝西宣撫使知邠州。（即今陝西省邠縣。邠音賓。）以疾請鄧州。徙杭州。（爲浙江省治。今爲杭縣。）遷戶部侍郎。徙青州。會病。請潁州。未至卒。時皇佑壬辰。五月甲子。年六十四。謚文正。追封楚國公。有詩文集。

宋太宗端拱二年八月初二日丑時生（生卒見歷代名人年譜）

宋仁宗皇佑四年五月二十日□時卒。

己丑	命	一歲	壬申
癸酉	宮	十一	辛未
庚戌	丁	二一	庚午
丁丑	未	三一	己巳
		四一	戊辰
		五一	丁卯
		六一	丙寅
		七一	乙丑

巫咸撮要云。陽刃倘同生氣。閫外操權。指迷賦云。威武剛烈兮。乃是金多。謹

按范文正公造己丑。癸酉。庚戌。丁丑。（歷代名人年譜。載公己丑八月二日丑時生。）日主之庚。以酉為陽刃。誕生白露節後。秋金當令。陽刃得生氣矣。觀其守邊數年。羌人呼公為龍圖老子。謂非閫外操權。能如是乎。月枝之酉。中藏辛金。日枝之戌。又藏辛金。年時二枝之丑。又各藏辛金。運同日主庚金。金計有五。金多若此。宜其威武剛烈也。觀其對來使輒焚元昊答書。（昊音皓。凡稱天曰昊天。言元氣博大也。）及與其一路哭。何如一家哭之一筆勾。卽可見其天性矣。碧淵賦云。火煉秋金。鑄出劍鋒之刃。於此又可見秋金必需火煉也。然火之根本在木。若但見火而不見木。亦不過浮游之火而已。豈足以煉至堅至剛之金哉。恰好時幹明見丁火。日枝之戌中藏丁火。命宮丁未。幹固屬火。枝又藏火藏木。具見火得木生。金得火煉。大器堪成。高名克就。故能先憂後樂。振古鑠今。蓋火主文明。金應武功。相須為用也。二歲壬運庚寅。喪父。三十三歲己運辛酉。喪母。足證剛金需火。再見庚辛之金。卽滿損也。四十八歲辰運丙子。小限庚申上書言事。致忤呂夷簡。

故坐貶饒州。五十六歲丁運甲申。小限壬子。因焚元昊之書。宋庠請斬仲淹。帝不聽。降本曹員外郎。知耀州。（卽今陝西省．耀縣．）足證剛金需火。見申子辰之水。多不安定也。以上四則。最爲拂逆。至於得意之事。亦層見疊出。如二十七歲午運乙卯。登進士第。爲廣德軍司理參軍。二十八歲午運丙辰。迎其母歸養。二十九歲午運丁巳。改集慶軍節度推官。還姓更名。足證剛金需火。運歲逢火逢木。卽昂首青雲也。自三十一歲己未至六十三歲辛卯。監泰州鹽稅。遷大理寺丞。安撫江淮。出知睦州。（卽今浙江省．建德縣．）遷蘇州。徙明州。（在今貴州省．思南縣南）拜吏部員外郎。權知開封府。（卽今河南省．開封縣．）及知永興軍。改陝西都轉運使。進龍圖閣直學士。遷戶部員外郎。兼知延州。（卽今陝西省．膚施縣．）進樞密直學士。復除參知政事。爲資政殿學士。陝西四路宣撫使。知邠州。尋徙杭州。又徙青州。凡此種種。更足證剛金需火。蓋此三十餘年。經過之己巳戊辰丁卯丙等運。有制水者。有助火者。亦有生火者。是以剖符錫爵。呈瑞分疆也。至六十四歲丙運壬辰。五月二十日公卒於徐州者。此乃壬丙宣戰。辰戌相衝之故。丙運不任咎也。

珊按。文正公年譜云。端拱二年己丑。八月癸酉。二日丁丑。以辛丑時生。必誤。蓋是年八月己酉朔。二日乃是庚戌。並非丁丑。至云辛丑時。更不足信也。

附錄

歐伯起相訪

海涯牢落若爲懷。惟子相過未忍迴。勁草不隨風偃去。孤桐何意鳳飛來。樽藏金醴遲遲進。匣鎖雲和特特開。萬古功名有天命。浩然攜手上春臺。（樽藏一本作鐏藏。）

贈都下隱者

梅福隱市門。嚴平居卜肆。乃知神仙徒。非必烟霞地。異哉西山人。逍遙京洛塵。門多長者車。察脉如有神。軒皇萬餘載。此術了然在。精意洞五行。飛名落四海。結舍擬滄洲。東泖接御溝。蘭芳披幽徑。琴樽在小舟。淸夜泛月華。宛是江湖遊。他日上雲去。茲爲黃鶴樓。

京口卽事

突兀立孤城。詩中別有情。地深江底過。日大海心生。甘露樓臺古。金山氣象淸。六朝人薄命。不見此昇平。以上文正公集

公爲人外和內剛。樂善汎愛。喪其母時。尙貧。終身非賓客食不重肉。臨財好施。意豁如也。及退而視其私。妻子僅給衣食。其爲政所至。民多立祠畫像。其行己臨事。自山林處士。里閭田野之人。外至夷狄。莫不知其名字。而樂道其事者甚衆。五朝名臣言行錄

公丁母憂。寓居南都。晏丞相殊。請掌府學。公常宿學中。訓督有法度。勤勞恭謹。以身先之。夜課諸生讀書。寢食皆立時刻。往往潛至齋舍詗之。見有先寢者詰之。其人紿云。適疲倦。暫就枕耳。問未寢之時。觀何書。其人妄對。則取書

問之。不能對。罰之。出題使諸生作賦。必先自爲之。欲知其難易。及所當用意。亦使學者準以爲法。由是四方從學者輻輳。宋人以文學有聲名於塲屋朝廷者。多其所敎也。（詗・音迥・迥韻・又去聲敬韻・義同・刺探也・）

公在淄州長白山僧舍（今醴泉寺）讀書。一夕見白鼠入穴中。探之。乃銀一甕。遂密掩覆。後公貴顯。寺僧修造。遣人欲求於公。但以空書復之。初僧怏然。失所望。及開緘。使於某處取此藏。僧如公言。果得白銀一甕。今人往往談此事。

公以朱氏長育有恩。常思厚報之。及貴。用南郊所加恩。乞贈朱氏父太常博士。暨朱氏諸兄弟。皆公爲葬之。歲別爲饗祭。朱氏子弟以公蔭得補官者三人。

公子純仁娶婦將歸。或傳婦以羅爲帷幔。公聞之不悅。曰。羅綺豈帷幔之物耶。吾家素淸儉。安得亂吾家法。敢持歸吾家。當火於庭。

公遣子堯夫到姑蘇撥麥五百斛。堯夫時尙少。既還。舟次丹陽。見石曼卿。問寄此久何如。曼卿曰兩月矣。三喪在淺土。欲葬之而北歸。無可謀者。堯夫以所載舟麥付之。單騎自長蘆捷徑而歸。到家拜起。侍立久之。文正曰。東吳見故舊乎。曰曼卿爲三喪未舉。留滯丹陽。時無郭元振。莫可告者。文正曰。何不以麥舟與之。堯夫曰。已付之矣。

公以晏元獻薦入館。終身以門生事之。後雖名位相亞。亦不敢少變。慶曆末。晏公守宛丘。文正過南陽。道過。特留歡飲數日。其書題門狀。猶稱門生。將別投詩云。曾入黃扉陪國論。却來絳帳受師資之句。聞者皆歎服。

公言幕府賓客。可爲己師者。乃辟之。雖朋友亦不可辟。蓋爲我敬之爲師。則心懷尊奉。每事取法。於我有益耳。

公守越。戶曹孫居中卒。子幼家貧。公助之俸錢百緡。治巨舟。差老衙校送歸。作一絕句。戒其吏曰。關津但以吾詩示之。詩云。十口相將泛巨川。來時暖熱去淒然。關津若要知名姓。此是孤兒寡婦船。

公守饒州日。有書生甚貧。自言平生未嘗一飽。時盛行歐陽率更書薦福寺碑。墨本値千錢。爲具紙墨打千本。使售于京師。紙墨已具。一夕雷擊碎其碑。時語曰。有客打碑來薦福。無人騎鶴上揚州。東坡作窮措大詩曰。一夕雷轟薦福碑。向使不擊碎。書生享用。其有窮乎。於此益知吉慶避者。非吉慶避之。其福德淺薄。自不能與吉慶會也。讚曰。淑慝以類。吉凶在人。譬如儀鳳不棲棘荊。（棘音擊・從朿與從束異・）虺蜴之窟。（虺音卉・蜴音亦・）豈產珠珍。冰雪凝沍。（音護遇韻）寒谷不春。一氣所感。當識其因。韓魏公客有郭注者。行年五十。未有室家。公以侍兒與之。未及門而注死。（以上言行拾遺事錄）

公輕財好施。尤厚於族人。既貴。於姑蘇近郭。買良田數千畝爲義莊。以養羣從之貧者。擇族人長而賢者一人。主其出納。人日食米一升。歲衣縑一匹。嫁娶喪葬。皆有贍給。聚族人僅百口。公歿逾四十年。子孫賢令。至今奉公之法。不敢廢弛。

公在杭州。子弟以公有退志。乘間請治第洛陽。樹園圃。以爲逸老之地。公曰。人苟有道義之樂。形骸可外。況居室哉。吾今年踰六十。生且無幾。乃謀樹第治、圃。顧何待而居乎。吾之所患在位高而難退。不患退而無居也。且西都士大夫園林相望。爲主人者莫得常遊。而誰獨障吾遊者。豈必有諸己而後爲樂耶。俸賜之餘。宜以賙宗族。若曹遵吾言。毋以爲慮。以上五朝名臣言行錄

范文正公在睢陽掌學。有孫秀才者索遊。上謁文正。贈錢一千。明年。孫生復道睢陽謁文正。又贈一千。因問何爲汲汲於道路。孫秀才戚然動色曰。老母無以養。若日得百錢。則甘旨足矣。文正曰。吾觀子辭氣。非乞客也。二年僕僕。所得幾何。而廢學多矣。吾今補子爲學職。月可得三千以供養。子能安於爲學乎。孫生再拜大喜。於是授以春秋。而孫生篤學。不舍晝夜。行復修謹。文正甚愛之。明年文正去睢陽。孫亦辭歸。後十年。聞泰山下有孫明復先生。以春秋教授學者。道德高邁。朝廷召至太學。乃昔日索遊孫秀才也。文公嘆曰。貧

之爲累亦大矣。倘因循索米至老。則雖人才如孫明復者。猶將汨沒而不見也。（東軒筆錄）

徐復。所謂沖晦處士者。建州人。初亦舉進士。京房易。世久無通其術者。復嘗遇隱士得之。而雜以六壬遁甲。自筮終身無祿。遂罷舉。范文正公。知蘇州。嘗疑夷狄當有變。使復占之。復爲言西方用師。起某年月。盛某年月。天下當騷然。故文正益論邊事。及元昊叛。無一不驗。仁宗聞而召見。問以兵事。曰。今歲直小過。剛失位而不中。惟强君德。乃可濟爾。命以大理評事不就。賜號而歸。杭州萬松嶺。其故廬也。時林和靖尚無恙。杭州稱二處士。而和靖卒乃得謚。與復同時者。又有郭京。亦通術數。好言兵。而任俠不倫。故不顯。（避暑錄話）

鶴林玉露。郭仲晦云。用兵以持重爲貴。蓋知彼知己。先爲不可勝。以待敵之可勝。此百戰百勝之術也。昔韓范二公在五路。韓公力於戰。范公則不然。曰。吾惟知練兵選將。積穀豐財而已。余觀東軒筆錄。載韓公欲五路進兵。以襲平夏。范公不可。韓公遣尹師魯至慶州。約進兵。范公曰。我師新敗。士卒氣沮。但當謹守。以觀其變。豈可輕兵深入。師魯嘆曰。公於此乃不及韓公也。韓公嘗云。大凡用兵。當先置勝負於度外。公何區區過慎如此。范公曰。大軍一動。萬命所懸。乃可置於度外乎。師魯不能强而還。韓公遂舉兵次好水川。元昊設伏。我師陷沒。大將任福死之。韓公遂還。至半塗。亡者之父兄妻子數千人。號於馬首。持故衣紙錢招魂而哭曰。汝昔從招討出征。今招討歸而汝死矣。汝之魂識。亦能從招討以歸乎。哀慟之聲震天地。韓公掩泣。駐馬不能進。范公聞之。嘆曰。當是時。難置勝負於度外也。蠡勺編

范文正公祠聯

宋漫堂題范文正公祠聯云。兵甲富於胸中。一代功名高宋室。憂樂關乎天下。千秋俎豆重蘇臺。楹聯叢話

歐陽修十一

宋姓歐陽氏。觀子名修。字永叔。廬陵人。廬陵縣名・故城在今江西省・吉安縣西・考修自序譜云・祖居沙溪・分屬永豐・譜雖著廬陵・實爲吉州永豐人・今永豐縣境有沙溪・表石俱存・又韓魏公歐陽文忠墓碑・亦稱修永豐人・惟修文自稱廬陵歐陽修・後之稱修者・亦通稱廬陵也・詳符庚戌。甫四歲而父卒。母鄭氏。年方二十九。有女節。家貧無資。以荻畫地。教修書字。稍長。從鄰里借書讀。或手鈔之。鈔未竟而成誦。天聖庚午。年二十四舉進士甲科。有聲。補西京留守推官。仁宗時。韓琦。范仲淹。相繼罷去。修上疏極諫。出知滁州。即今安徽省・滁縣・徙揚州。即今江蘇省江都縣・還爲翰林院學士。拜叅知政事。盡心匡輔。與韓琦策立英宗。修以風節自持。既數被汚衊。時年六十。即連乞謝事。帝輒優詔弗許。及徙青州。又以請止散青苗錢。爲安石所詆。故求歸愈切。熙甯四年辛亥。乃以太子少師致仕。次年壬子。閏七月庚午卒。年六十有六。贈兗國公。謚文忠。修天資剛勁。見義勇爲。平生與人盡言無隱。奬掖後進。如恐不及。賞識之下。率爲聞人。及在政府。士大夫有所干請。輒面諭可否。雖臺諫論事。亦必以是非詰之。怨謗益衆。自五代以來文體卑微。修遊隨州。（即今湖北省隨縣）得唐韓愈遺稿。讀而心慕焉。苦志探賾。（音責。幽深也。）至忘寢食。遂以文章名冠天下。學者翕然師之。終老潁之西湖。（在安徽省。阜陽縣西北三里。潁河合諸水匯流處也。唐許渾從事潁州。有西湖清晏之句。宋晏殊。歐陽修。蘇軾。相繼爲守。皆嘗晏賞於此。）修始在滁州。自號醉翁。晚年更號六一居士曰。吾集古錄一千卷。藏書一萬卷。有琴一張。有棋一局。而常置酒一壺。吾老於其間。是爲六一。著有新唐書。新五代史。毛詩本義。文忠全集。

宋眞宗景德四年六月二十一日寅時生（見年譜）

宋神宗熙甯五年閏七月二十三日□時卒（見行狀）

丁未	命	一歲	丁未
		十一	丙午
戊申	宮	二一	乙巳
		三一	甲辰
乙卯	丁	四一	癸卯
		五一	壬寅

戊寅　未　六一辛丑　七一庚子

歐陽文忠瀧岡阡表云。瀧岡・在江西省永豐縣南一百六十里・鳳凰山・文忠公葬父之處・歐後奉母合葬・太夫人告之曰。汝父爲吏。嘗夜燭治官書。屢廢而嘆。吾問之。則曰。此死獄也。我求其生不得爾。吾曰。生可求乎。曰。求其生而不得。則死者與我。皆無恨也。矧求而有得耶。以其有得。則知不求而死者有恨也。夫常求其生。猶失之死。而世常求其死也。回顧乳者。抱汝而立於旁。因指而嘆曰。術者謂我歲行在戌將死。使其言然。吾不及見兒之立也。後當以我語告之。珊幼讀此篇。不禁歎服文忠公之封翁。存心愷惻。又不禁感覺刑官之不易爲。惟證以生四歲而孤一語。乃知術者之言果驗。於是讀經之暇。輒喜博覽星命諸書。今老矣。然猶樂此不疲。或亦賢於博弈者乎。謹按文忠公之造。丁未。戊申。乙卯。戊寅。日元之乙屬木。誕生六月。甫過立秋。炎威未退。暑氣猶存。年幹明見丁火。年枝中藏丁火。時枝又藏丙火。命宮丁未。幹固屬火。枝又藏火。火炎若此。木亢可知。月時交拱戌土。年枝未。與命宮未。又各藏己土。月時二枝申寅。又各藏戊土。土多若此。地闊可知。所幸生年丁未。命宮丁未。納音同爲天河之水。生日乙卯。納音又爲大溪之水。時枝之寅。中藏甲木。日支之卯。與年支之未。命宮之未。又各藏乙木。得水制火。得木疏土。裒多益寡。酌盈劑虛。非惟春發其華。尤應秋結其實。（其妙在用神得力。）況又日坐祿元。時逢帝旺。月值天乙。氣象萬千。吾宗遠祖天綱有云。幹爲祿本。定卜職位高遷。壽極年長。蓋爲祿臨旺地。證以文忠此造。信不誣也。四歲庚戌。鄭國公觀。終於泰州軍事判官。（泰州。即今江蘇省。泰縣。）廿七歲癸酉。元配胥夫人卒。廿九歲乙亥。繼配楊夫人亦卒。三十歲丙子。爲切責高若訥。降爲峽州夷陵縣令。（宋置峽州夷陵郡。在今湖北省。宜昌縣西北。）三十二歲戊寅。胥夫人之子殀。三十九歲乙酉。因孤甥犯法。諫官及公下開封鞫治。降知徐州。四十六歲壬辰。鄭太夫人棄養。凡此種種。皆丁運屬火。巳運藏火。癸運化火。及經過流年之衝刑剋害。有以致之。二十二歲乙運甫交。公攜文謁胥學士於漢陽。（即今湖北省。漢陽縣。）胥公大奇之。留置門下。攜公如京師。次年在京師。試國子監第一。秋解試。又第一。次年正月試禮部。又第一。御史試。第十四名。五月授將仕郎。其所以能靑雲直上者。皆乙木大運。氣求聲應之效也。及至三十三歲。由縣令而復舊官。充館閣校勘。修崇文總目。知揚州潁州。（即西湖）開封府等。（註均見前）轉兵部尙書。改知蔡州。（即今河南省汝南縣治。）卒至以觀文殿學士太子少師致仕。凡此種種。皆由甲辰。癸卯。壬寅等。水木資助之運。有以致之。壽享六十有六。捐館於閏七月廿三日者。蓋爲辛運之金。壯賊乙木。而壬子年。己酉月。庚午日。會生日乙卯。又爲四仲齊衝也。子夏曰。死生有命。信然。

附錄

贈潘景溫叟

秦盧不世出。俗子相矜誇。治疾不如（一作求）源。橫死紛如麻。番陽奇男子。衣冠本儒家。學本得心訣。照底窮根厓。泠然鑒五藏。曾靡毫釐差。公卿掃榻迎。黃金載盈車。語言無羽翰。飛入萬齒牙。相逢京洛下。使我驚且嗟。七年慈母病。庸工口咿啞。恨不早見君。以乞壺中砂。通宵耳高論。飲恨知何涯。瞥然別我來。征途指煙霞。孤雲不可留。淚線風中斜。

夫子罕言利命仁論

論曰。昔明王不興而宗周衰。斯文未喪而仲尼出。修敗起廢而變于道。扶衰救弊而反於正。至如探造化之本。賾幾深之慮。以窮乎天下之至精。立道德之防。張禮樂之致。以達乎人情之大寶。故易言天地之變。吾得以辭而繫。詩厚風化之本。吾得以擇而刪。禮樂備三代之英。吾得以定而王。春秋立一王之法。吾得以約而修。其爲教也。所以該明帝王之大猷。推見天人之至隱。道有機而不得祕。神有密而不得藏。曉乎人倫。明乎耳目。如此而詳備也。然獨以利命仁而罕言其旨。何哉。請試言之。夫利命仁之爲道也。淵深而難明。廣博而難詳。若乃誘生民以至教。周萬物而不遺。草木賁殖而無知。所以遂其生。跂喙行息而不知。所以達其樂。物性莫不欲茂。則薰之以太和。人情莫不欲壽。則濟之以不夭。滯者導之使達。蒙者開之使明。衣被羣生。贍足萬類。此上之利。下及於物。聖人達之。以和於義也。則利之爲道。豈不大哉。函五行之秀氣。兼二儀之肖貌。稟爾至命。得之自天。厥生而靜謂之性。觸物而動感其欲。派而爲賢愚。誘而爲善惡。賢愚所以異貴賤。善惡所以定吉凶。貧富窮達。死生夭壽。賦分而有定。循環而無端。聖人達之。內照乎神明。小人逆之。外滅於天理。則命之爲義。豈不達哉。又若兼百行以全美。居五常而稱首。愛人而及物。力行而能近。守而行之。一日由乎復禮。推而引之。天下稱乎達道。則仁之爲理。豈不盛哉。噫。三者之說。誠皆聖人之深達。非難言之也。易曰。乾以美利利乎天下。又曰。利者義之和。中庸曰。天命之謂性。又曰。君子居易以俟命。繫辭曰。樂天知命。故不憂。禮記曰。仁者天下之表。又曰。仁者右也。道者左也。酌是而論之。則非不言也。然罕言及者。得非以利命仁之爲德。微而奧。博而遠。賢者誠而明之。不假言之道也。愚者鮮能及之。雖言之。弗可曉也。故曰中人已上。可以語上。中人已下。不可以語上。又曰。仁則吾不知者。舉一可知也。子貢以謂夫子之言性與天道。不可得而聞者。誠在是乎。然則利命仁之罕言。由此而見矣。謹論。

學書靜中之樂說

有暇卽學書。非以求藝之精。直勝勞心爲他事爾。以此知不寓心於物者。眞所謂至人也。寓於有益者。君子也。寓於伐性汨情而爲害者。愚惑之人也。學書不能不勞。獨不害情性耳。要得靜中之樂者。惟此耳。

用筆之法

蘇子美嘗言用筆之法。此乃柳公權之法也。亦嘗較之。斜正之間。便分工拙。能知此及虛腕。則羲獻之書。可以意得也。因知萬事皆有法。楊子云。斷木爲棊。刓革爲鞠。刓。五丸切。寒韻。削也。削去廉隅也。亦皆有法。豈正得此也。

作詩須多誦古今詩

作詩須多誦古今人詩。不獨詩爾。其他（一作餘）文字皆（一作盡）然。

辨甘菊說

本草所載菊花者。世所謂甘菊。俗又謂之家菊。其苗澤美。味甘香可食。今市人所賣菊苗。其味苦烈。迺是野菊。其實蒿艾之類。強名爲菊爾。家菊性涼。野菊性熱。食者宜辨之。余近來求得家菊。植於西齋之前。遂作詩云。明年食菊知誰在。自向欄邊種數叢。余有思去之心久矣。不覺發於斯。（以上文忠公集）

歐公文林

歐公凡遇後進投卷可采者悉錄之。爲一冊。名曰文林。公爲一世文宗。于後進片言隻字。乃珍重如此。令人可以鑒矣。（林下偶譚）

翡翠屑金人氣粉犀

凡物有相感者。出於自然。非人智慮所及。皆因其舊俗而習知之。今唐鄧間

名大柿。其初生澀。堅實如石。凡百十柿。以一榠（音冥）樝（音查）置其中。（榲桲亦可。榲音嗢。桲音勃。）則
紅。熟爛如泥而可食。土人謂之烘柿者。非用火。乃用此爾。淮南人藏鹽酒蟹。
凡一器數十蟹。以皁莢半挺置其中。則可藏。經歲不沙。（一作損。）至於薄荷醉貓。
死貓引竹之類。皆世俗常知。而翡翠屑金。人氣粉犀。此二物則世人未知者。
余家有一玉罌。形製甚古而精巧。始得之梅聖俞。以爲碧玉。在潁州時。嘗以
示僚屬。坐有兵馬鈐轄鄧保吉者。眞宗朝老內臣也。識之曰。此寶器也。謂之
翡翠。云禁中寶物皆藏宜聖庫。庫中有翡翠盞一隻。所以識也。其後予偶以
金環於罌腹信手磨之。金屑紛紛而落。如硯中磨墨。始知翡翠之能屑金也。
諸藥中犀最難擣。必先鎊屑。乃入衆藥中擣之。衆藥篩羅已盡。而犀屑獨存。
（四字一作犀獨在。）余偶見一醫僧元達者。解犀爲小塊子。方一寸半許。（三字一作半寸許。）以極
薄紙裹置於（一無此字。）懷中。（一有使字。）近肉。以人氣蒸之。候氣薰蒸浹洽。乘熱投臼中。
急擣。應手如粉。因知人氣之能粉犀也。然今醫工皆莫有知者。（歸田錄）

邵雍十二

宋。姓邵氏。名雍。字堯夫。其先范陽人。（范陽・縣名・故城在今河北省定興縣西北・二十七里・）父古。徙衡漳。（其地在今河北省・曲周・肥鄉二縣之間・）又徙共城。（今河南省輝縣・）雍葬其親伊水上。遂爲河南洛陽人。讀書蘇門山百源上。北海李之才攝共城令。授以圖書先天象數之學。妙悟神契。多所自得。富弼司馬光呂公著。退居洛中。恆相從遊。爲市園宅。雍歲時耕稼。僅給衣食。名其居曰安樂窩。自號安樂先生。嘉祐中。詔求遺逸。留守王拱辰薦之。授將作監主簿。不赴。熙甯中。舉逸士。補潁州團練推官。（註見前）亦不之任。五年壬子。閏七月廿三日卒。謚康節。有觀物篇。解。漁樵問對。河洛眞數。起例。伊川擊壤集。先天圖。抽卦換象法。易卦釋義。皇極經世。分宅分房定式等書。

宋眞宗祥符四年十二月二十五日戌時生（生卒見擊壤集）

宋神宗熙甯十年七月初五日丑時卒

辛亥	命	七歲 庚子	十七 己亥
辛丑	宮	二七 戊戌	三七 丁酉
甲子	癸	四七 丙申	五七 乙未
甲戌	巳	六七 甲午	七七 癸巳

康節先生之造。甲木兩排。辛金亦兩排。形式整齊格成兩幹不雜。就表面觀之。乃富貴中人也。惜誕生於大寒節後。雪積冰凝。枝殘葉脫。雖曰甲木兩排。亦不勝兩位辛金之尅制。而況亥子丑會爲北方一氣之水。又有淫木之嫌耶。所幸時枝値戌。中藏丁火。命宮逢巳。中藏丙火。藉此二火以制金。藉此二火以暄木。一舉兩得。而甲木之生意仍可含蓄無窮。（此名兩幹不雜格。又曰寒木得火。）再益以日値天赦。月帶貴人。故能爲學刻苦。立品清純。豈獨窺天地之運化。探陰陽之消長已哉。觀其初運庚子己亥。一派水金。何等偃蹇。寒不爐。暑不扇。不就席者數年。豈無故哉。及至戊運戌運。得厚土制水。得藏火暄木。是以講學於

家就問者日衆。然蓬蓽環堵。不蔽風雨。躬爨養親。（爨音竄，以火炊物曰爨。）仍如故也。自三十八歲交入丁運。始卜居洛陽富弼。司馬光。呂公著諸賢。退居洛中。恆相從游。乃爲市園宅。先生歲時耕稼。僅給衣食。名其居曰安樂窩。因自號安樂先生。四十五歲乙未。長子伯溫生。四十七歲丁酉。次子仲良生。是年詔舉遺逸。留守王拱辰以先生應詔。授將作監主簿。五十八歲乙運。熙甯之初。復求逸士。御史丞呂公誨。龍圖閣直學士祖公無擇。與丞相吳公充。又以先生爲言。補潁州團練推官。皆固辭。不之官。凡此種種。足證丁火丙火與乙木。皆爲甲木日元之喜神。雖經過酉申二運。得丙丁蓋頭。金受火制。亦不爲害。六十七歲未運。歲値丁巳。小限丁亥。既會丑戌爲三刑。復見巳亥爲六衝。是以考終正寢。贈祕書省著作郎。加賻粟帛。（賻音附，以財助喪儀也。）當先生疾病時。司馬光。張載。程顥。程頤。晨夕候之。既葬。顥爲銘墓。稱先生之道。純一不雜。就其所至。可謂安且成矣。元祐中。韓獻肅公守洛。又爲之請謚於朝。奏下太常。賜謚康節。

蕎自本朝有天下四百年間。隱逸處士。名行始卒完具無玷缺。而朝廷旌命。及存歿賻恤。贈謚無一或闕。愈久而愈光者。先生一人而已。

附錄

乾坤吟

用九見羣龍。首能出庶物。用六利永貞。因乾以爲利。四象以九成。遂爲三十六。四象以六成。遂成二十四。如何九與六。能盡人間事。

皇極經世一元吟

天地如蓋軫。覆載何高極。日月如磨蟻。往來無休息。上下之歲年。其數難窺測。且以一元言。其理尚可識。一十有二萬。九千餘六百。中間三千年。迄今之陳迹。治亂與廢興。著見于方策。吾能一貫之。皆如身所歷。

陰陽吟

陽行一。陰行二。一主天。二主地。天行六。地行四。四主形。六主氣。

觀物吟

水雨霖。火雨露。土雨濛。石雨雹。　水風涼。火風熱。土風和。石風冽。　水雲黑。火雲赤。土雲黃。石雲白。　水雷雲。火雷虩。土雷連。石雷霹。

水火吟

水火得其御。交而成既濟。水火失其御。焚溺可立至。不止水與火。萬事盡如此。只知用水火。不知水火義。

火能勝水。火不勝水。其火遂滅。水能從火。水不從火。其水不熱。夫能制妻。夫不制妻。其夫遂絕。妻能從夫。妻不從夫。其妻必孽。

天能生而不能養。地能養而不能生。火能烹而不能沃。水能沃而不能烹。天地尚且無全功。水火何由有全能。得用二者交相養。反爲二者交相陵。

萬物吟

成敗須歸命。興衰各有時。小人縱多欲。眞宰豈容私。只此浪喜歡。便成空慘悽。請觀春去後。遊者更爲誰。

四可吟

可勉者行。可信者言。可委者命。可託者天。

有時吟

龍不冬躍。螢能夜飛。小人君子。均各有時。

多多吟

天下居常。害多于利。亂多于治。憂多于喜。奈何人生。不能免此。奈何予生。皆爲外事。

不知吟

不知陰陽。不知天地。不知人情。不知物理。强爲人師。甯不自愧。

小道吟

藝雖小道。事亦繫人。苟不造微。焉能入神。

安分吟

安分身無辱。知幾心自閑。雖居人世上。却是出人間。

男子吟

欲作一男子。須了四般事。財能使人貪。色能使人嗜。名能使人矜。勢能使人倚。四患既都去。豈在塵埃裏。

金帛吟

金帛一種物。所用固不常。聘則謂之幣。贄則謂之將。貿則謂之貨。積則謂之藏。賂則謂之賄。竊則謂之贓。

恩義吟

恩深者親。義重者君。恩義兩得。始謂之人。

恩怨吟

人之常情。無重於死。恩感人心。死猶有喜。怨結人心。死猶未已。恩怨之深。使人如此。

名實吟

內無是實。外有是名。小人故矜。外無是名。內有是實。君子何失。

能寐吟

大驚不寐。大憂不寐。大傷不寐。大病不寐。大喜不寐。大安能寐。何故不寐。湛於有累。何故能寐。行於無事。

人生一世吟

前有億萬年。後有億萬世。中間一百年。做得幾何事。又況人之壽。幾人能百歲。如何不喜歡。强自生憔悴。

文武吟

既爲文士。必有武備。文武之道。皆吾家事。

治亂吟三首

亂多于治。害多于利。悲多于喜。惡多于美。一陰一陽。奈何如此。

中原一片閑田地。曾示三皇與五帝。三皇五帝子孫多。或賤或貧或富貴。

財利爲先。筆舌用事。饑饉相仍。盜賊蜂起。孝悌爲先。日月長久。時和歲豐。延年益壽。

爭讓吟

有讓豈無爭。無沿安有革。爭讓起于心。沿革生于跡。羲軒讓以道。堯舜讓以德。湯武爭以功。桓文爭以力。

中原吟

中原之師。仁義爲主。仁義既無。四夷來侮。

寬猛吟

寬則民慢。猛則民殘。寬猛相濟。其民自安。

太平吟

老者得其養。幼者得其仰。勞者得其餉。死者得其葬。

君子飲酒吟

父慈子孝。兄友弟恭。家給人足。時和歲豐。筋骸康健。里閈樂從。君子飲酒。其樂無窮。

安樂窩中自貽

物如善得終爲美。事到巧圖安有公。不作風波於世上。自無冰炭到胸中。災殃秋葉霜前墜。富貴春華雨後紅。造化分明人莫會。花榮消得幾何功。

閒中吟

閒中氣味長。長處是仙鄉。富有林泉樂。淸無市井忙。爛遊千聖奧。醉擁萬花香。莫作傷心事。傷心易斷腸。

擊壤吟

擊壤三千首。行窩二十家。樂天爲事業。養志是生涯。出入將如意。過從用小

車。人能如此樂。何必待紛華。以上擊壤集

戒子孫書

康節曰。上品之人。不教而善。中品之人。教而後善。下品之人。教亦不善。不教而善。非聖而何。教而後善。非賢而何。教亦不善。非愚而何。是知善也者。吉之謂也。不善也者。凶之謂也。吉也者。目不觀非禮之色。耳不聽非禮之聲。口不道非禮之言。足不踐非禮之地。人非善不交。物非義不取。親賢若就芝蘭。避惡如畏蛇蠍。或曰不謂之吉人。則吾不信也。蠍音歇。凶也者。語言詭譎。動止陰險。好利飾非。貪淫樂禍。疾良善如讎隙。犯刑憲如飲食。小則隕身滅性。大則覆宗絕嗣。或曰。不謂之凶人。則吾不信也。詭音癸。譎音厥。讎音酬。隙乞逆切。隕音允。傳有之曰。吉人爲善。惟日不足。凶人爲不善。亦惟日不足。汝等欲爲吉人乎。欲爲凶人乎。

小學集註引 皇極經世書

孟子精易

陳正端誠說。邵堯夫先生說孟子。雖不說易。然精於易者也。且云能說可以仕則仕。可以止則止。及禹稷顏子。易地則皆然。非精於易者。豈能及此乎。

康節論花

邵康節居衞州之共城。後居洛陽。有商州太守趙郞中者。康節與之有舊。嘗往從之。時章惇子厚。作令商州。趙厚遇之。一日趙請康節與章同會。章豪俊自許。議論縱橫。不知敬康節也。語次因及洛中牡丹之盛。趙守因謂章曰。先生洛人也。知花爲甚詳。康節因言洛人以見根撥。（音潑　芟草也。與發同。又音鉢。治也。）而知花之高下者。知花之上也。見枝葉而知高下者。知花之次也。見蓓蕾（蓓音倍。蕾音雷。上聲晦韻。花綻而未開之貌。）而知高下者。知花之下也。如長官所說。乃知花之下也。章默然慚服。趙因謂章。先生學問淵源。世之師表。公不惜從之學。則日有進益矣。章因從先生遊。欲傳其學。先生謂章。須十年不仕宦。乃可學。蓋不之許也。

康節學有師承

邵堯夫先生受學於李挺之之才。李之才受學於穆修伯長。穆伯長受學於陳摶希夷。其所傳先天之學。具見於易圖與皇極經世。故程伯淳作堯夫墓誌云。推其源流。遠有端緒。震東方也。巽南方也。離南方之卦之類。此入用之位。如天地定位。乾南而坤北。山澤雷風水火相對。卽先天之位。先生既沒。其學不傳。人能知其名。而不知其用也。

康節名字

邵康節以十二萬四千五百年爲一會。自開闢至堯時。正當十二萬年之中數。故先生名雍字堯夫。名雍。取黎民於變時雍也。其居洛陽。亦取天地之中。字堯夫。取當堯時中數也。四千五百年數未詳。以上宋呂本中童蒙訓

康節深知數不妨道

邵康節云。孔子定書。以秦誓綴周魯之後。知周之後必爲秦也。康節素通數學。又深知數之不妨於道。故爲此的實之論也。儒之固而腐者。乃云。數非聖

賢所重。而不與康節之論。曰。特取其悔過云爾。非預識其繼周也。試詰之曰。悔而不再作者。方謂之悔過。今彭衙令狐。汾曲之師。貪而且忿。皆在作誓之後。果能悔過否乎。既非眞能悔過。孔子奚取焉。且數百年之中。數百國之君。豈無一言之幾道。可綴周魯之末者。乃獨取一夷狄君長之誓。豈理也哉。大抵聖至孔子。已集大成。凡六合內外。千世古今。皆如鏡照物。特多有不欲明言者。亦存重道不重數之意耳。豈道之至者。而有不知數者哉。道爲其大無外之道。豈數獨在道外哉。故當以康節之論爲的。遯翁隨筆

康節博物

邵康節曰。動物自首生。植物自根生。自首生。命在首。自根生。命在根。又曰。飛者栖木食木。鷹鶻之毛猶木也。走者栖草食草。虎豹之毛猶草也。飛之類喜風。而敏於飛上。走之類喜土。而利於走下。在水者不瞑。在風在地者瞑。走之類上睫接下。飛之類。下睫接上。類使之然也。水類出水即死。風類入水即死。

然有出入之類者。龜蟹鵝鳧之類是也。又曰。牛順物。乘順風而行則順。馬健物。遡逆風而行則健。席上腐談

邵子之書

問近日學者。有厭拘檢。樂舒放。惡精詳。喜簡便者。皆欲慕邵堯夫之爲人。曰。邵子這道理。豈易及哉。他腹裏有這箇學。能包括宇宙。終始古今。如何不做得大。放得下。今人卻恃箇甚。後敢如此。因誦其詩曰。日月星辰高照耀。皇王帝伯大鋪張。可謂人豪矣。大雅

問康節學到不惑處否。曰。康節又別是一般。聖人知天命以理。他只是以術。然到術之精處。亦非術之所能盡。然其初只是術耳。璘

康節甚喜張子房。以爲子房善藏其用。以老子爲得易之體。以孟子爲得易之用。合二者而用之。想見善處事。僩

先生誦康節詩曰。施爲欲似千鈞弩。磨礪當如百鍊金。或問千金弩如何。曰。

只是不妄發。如子房之在漢。謾說一句。當時承當者。便須百鍊。道夫
皇極經世。乃一元統十二會。一會統三十運。一運統十二世。一世統三十年。
一年統十二月。一月統三十日。一日統十二辰。是十二與三十迭爲用也。植
易是卜筮之書。皇極經世是推步之書。經世以十二辟卦管十二會。綳定時
節。卻就中推吉凶消長。堯時正是乾卦九五。其書與易自不相干。方子
三十六宮都是春。易中二十八卦。翻覆成五十六卦。惟有乾坤坎離。大過頤。
小過中孚。八卦反覆只是本卦。以二十八卦湊此八卦。故言三十六也。寓○以上
朱子語類輯略

王安石十三

宋。姓王氏。名安石。字介甫。號半山。江西臨川人。（故城。在今江西省。臨川縣西。）父益。歷官州縣有聲。安石生有異質。及長。博覽強記。善辨不屈。爲文淵源。出於典誥。兼工書畫。慶曆壬午。（年二十二）賜進士及第。歷度支判官。嘉祐庚子。（年四十）上萬言書。慨然有矯世變俗之志。俄直集賢院。知制誥。神宗時熙甯元年戊申。（年四十八）至六年癸丑。（年五十三）始則至京師受翰林學士之命。繼則平章政事。除太子中允崇文殿說書。帝深倚之。謀改革政治。興青苗。水利。均輸。保甲。免役。市易。保馬。方田。諸法。物議沸騰。時名臣皆被斥。而新法卒無效。七年甲寅（年五十四）去位。知江甯府事。（江寧。即今首都市。）元豐中。復拜左僕射。封荊國公。哲宗立。加司空。元祐丙寅四月癸酉。卒於金陵。（即今江蘇省江寧縣。）年六十六。著有周官新議。臨川集。百家詩選。

宋眞宗天禧五年十一月十二日辰時生。（見歷代名人年譜）

宋哲宗元祐元年四月初六日□時卒。見宋史

辛酉	命	五歲	十五	己亥　戊戌
庚子	宮	二五	三五	丁酉　丙申
癸未	庚	四五	五五	乙未　甲午
丙辰	子	六五	七五	癸巳　壬辰

王荊公造辛酉。庚子。癸未。丙辰。歷代名人年譜載公辛酉十一月十二日辰時生。謹按年幹之辛。與時幹丙合。時枝之辰。與年枝酉合。通會名之曰天地德合格。多主大貴。此概論也。朵眞歌云。爲官多是天地合。遇破空亡多駁雜。此則稍有區別矣。然仍以爲官許之。卽是空亡。亦不過多駁雜而已。爲官效力依然存在。究未可以平凡視之。查得日元癸未屬甲戌旬。年枝之酉。適値空亡。其爲多駁雜可知矣。然此仍是泛論。至於地位高下得失重輕。還當於五行生尅中詳加探討。始可得其底蘊。否則似是而非。猶有霧裏看花之誚。查得日元之癸。在五行屬水。

月枝子。時枝辰。中各藏癸。在五行又俱屬水。年幹辛屬金。月幹庚。與年枝酉。又俱屬金。再益以命宮庚子。幹金枝水。合計之。水有四。金亦有四。當此誕生之際。又値大雪節後。黑帝司權。水歸冬旺。不獨水淸。而金亦白也。假使無木生火。無火濟水。雖有金白水淸之美名。亦不得以貴顯云。今時幹之丙屬火。與日幹癸水。並肩而立。日枝之未藏火。與日幹癸水。又復唇齒相依。此誠陰陽和協。萬物發生之象。卽不言天地德合。亦當爲淸廟重器。巨川良林。豈專務詞章。空談性理者。所可同日而語耶。十九歲戊運。己卯。損之公棄養。此金白水淸。忌土之明證。逢卯衝酉。故愈烈也。二十二歲戊運壬午。賜進士及第出身。簽書淮南判官。此午戌會火之特徵。壬水不足取也。二十三歲癸未。至四十歲庚戌。自任淮南判官。·二十四歲甲申公子雱生·迄至提點江東刑獄。召入爲三司判官。及上萬言書。慨然矯世變俗。此皆戌丁丙運。火能濟水之明證。雖酉運屬金。得丁火蓋頭。亦復不忌。四十一歲辛丑。至四十五歲乙巳。自任三司度支判官。直集賢院。遷工部郎中。迄至吳太夫人逝世。四十三歲癸卯。金陵守制。此皆申運會子辰爲水之弊。四十六歲丙午。仍在金陵。四十七歲丁未。公子雱登進士第。授旌德尉。（即今安徽省旌德縣。）公起原官。知江寧府。四十八歲戊申。召爲翰林學士。上本朝百年無事劄。四十九歲己酉。任右諫議大夫。參知政事。講求新法。上戒禁疏。五十歲庚戌。參知政事。加同平章事。召諸路散青苗錢。禁抑配。立保甲。行募役法。此乙庚遙合而又不失資生丙火之本眞。是以蒸蒸日上。爲所欲爲也。五十一歲辛亥。任平章政事。鬻廣惠倉田。更定科舉法。罷詩賦。及明經諸科。專以經義論策試進士。五十二歲壬子。任平章政事。行市易法。上五事劄子。五十三歲癸丑。任平章政事。王韶破走木征。取岷岩洮疊四城。帝御殿受賀。解所服御帶賜公。五十四歲甲寅。四月。公去位。以觀文殿大學士。知江寧府。薦韓絳同平章事。呂惠卿參知政事。五十五歲乙卯。春二月。復起公。同平章事。兼修國史。冬十月。呂惠卿出知滁州。此未運藏木藏火。裨益癸水之故。是以發抒抱負。大展經綸。因中有藏土。與水爲讎。駁雜不純。小人爲害。以致兵連禍結。功敗垂成也。五十六歲丙辰。任平章政事。春二月。以郭逵爲安南招討使。（時交趾入寇。陷欽廉州。）秋七月。公子雱卒。冬十月公去位。以使相判江寧府領經局。自是絕口不言朝事。五十七歲丁巳。判江寧府事。上憐安石之貧。賜金五十兩。安石卽以金施之僧舍。五十八歲戊午。罷使相。爲惠靈觀使居蔣山。（卽鍾山。在江蘇省江甯縣東北。）五十九歲己未六十歲庚申。均居蔣山。加公爲特進尚書左僕射。改封荊國公。六十一歲辛酉至六十五歲乙丑。如常居蔣山。推原其故。蓋甲運屬木。資生丙火。是以賜金封爵。惜辰辰犯刑。子午犯衝。致有交趾入寇。喪子罷相之惱。午運整個遙衝子月。是以株守蔣山。得以無大風波者。賴有日枝之未合午耳。六十六歲元祐元年丙寅。四月癸巳。初六日癸巳。卒於金陵者。（無子。宋史哲宗本紀。癸巳乃四月六日。）蓋大運逢癸。月日亦逢癸。乃水歸冬旺之命。所最忌。雖歲逢火木。亦難勝之。以多暴寡。莫可如何也。

珊按。名人生日表載荊公十一月十二日生。歷代名人年譜同。生卒錄引能改齋漫錄云。王介甫辛酉十一月十三日辰時生。李璧亦言生於天禧五年辛酉。自天禧至元祐元年丙寅。實六十六。宋史作六十八誤。珊謂漫錄所云三字。亦必爲二字之誤。錫山顧棟高所輯荊公年譜。沿用宋史亦作六十八。天禧三年己未生。且引公慶歷八年戊子。別鄞女詩。行年三十已衰翁爲證。又安知三十不爲約數耶。至云蘇穎濱集中。謂公與馮京。皆生於辛酉。疑誤。此語尤難置信。蓋穎濱與荊公爲同時人。當知荊公之確實年齡。與宋史之作於後朝者不同也。

又按臨川集（卷三十一）荊公生日次韻南郭子詩有云。殘骸已若雞年夢。猶是騷人幾度來。讀此。益信公爲辛酉年生無疑。蓋地枝生肖酉爲雞也。

附錄

送陳景初 陳善醫

慘淡淮山水墨秋。行人不飲奈離愁。欒囊直入長安市。誰識柴車載伯休。

命解

先王之俗壞。天下相率而爲利。則强者得行無道。弱者不得行道。貴者得行無禮。賤者不得行禮。孔子修身潔行。言必由繩墨。蔡大夫惡其議己。率衆而圍之。此乃所謂不得行道也。公行有子之喪。右師往弔。入門有進而與右師言者。有出位而與右師言者。孟子不與右師言。右師不說。孟子曰。我欲爲禮也。方是時不獨右師不說。凡與右師言者。蓋皆不說也。此乃所謂不得行禮也。然孔子不以弱而離道。孟子不以賤而失禮。故立乎千世之上。而爲學者師。右師陳蔡之大夫卒亦不得傷焉。以其有命也。今不知命之人。剛則不以道御之。而曰有命焉。彼安能困我。由此則死乎巖牆之下者。猶正命也。柔則不以禮節之。而曰不出懼及禍焉。由此則是貧賤可以智去也。夫柔而不以禮節之。剛而不以道御之。其難免一也。故易旅之初六。與上九同患。悲夫。離道以合世。去禮以從俗。苟偷之窮矣。孰能恃此以免者乎。

本朝百年無事劄子

臣前蒙陛下問及本朝所以享國百年。天下無事之故。臣以淺陋。誤承聖問。迫於日晷。不敢久留。語不及悉。遂辭而退。竊惟念聖問及此。天下之福。而臣遂無一言之獻。非近臣所以事君之義。故敢冒昧而粗有所陳。伏惟太祖躬上智獨見之明。而周知人物之情僞。指揮付託。必盡其材。變置施設。必當其務。故能駕馭將帥。訓齊士卒。外以扞夷狄。內以平中國。於是除苛賦。止虐刑。廢強橫之藩鎮。誅貪殘之官吏。躬以簡儉爲天下。先其於出政發令之間。一以安利元元爲事。太宗承之以聰武。眞宗守之以謙仁。以至仁宗英宗。無有逸德。此所以享國百年。而天下無事也。仁宗在位。歷年最久。臣於時實備從官。施爲本末。臣所親見。嘗試爲陛下陳其一二。而陛下詳擇其可。亦足以申鑒於方今。伏惟仁宗之爲君也。仰畏天。俯畏人。寬仁恭儉。出於自然。而忠恕誠慤。終始如一。未嘗妄興一役。未嘗妄殺一人。斷獄務在生之。而特惡吏之殘擾。寧屈己棄財於夷狄。而終不忍加兵。刑平而公。賞重而信。納用諫官御史。公聽並觀。而不蔽於偏至之讒。因任衆人耳目。拔舉疏遠。而隨之以相坐之法。蓋監司之吏以至州縣。無敢暴虐殘酷。擅有調發以傷百姓。自夏人順服。蠻夷遂無大變。邊人父子夫婦。得免於兵死。而中國之人安逸蕃息。以至今日者。未嘗妄興一役。未嘗妄殺一人。斷獄務在生之。而特惡吏之殘擾。寧屈己棄財於夷狄。而不忍加兵之效也。大臣貴戚。左右近習。莫敢強橫犯法。其自重愼。或甚於閭巷之人。此刑平而公之效也。募天下驍雄橫猾以爲兵。幾至百萬。非有良將以御之。而謀變者輒敗。聚天下財物。雖有文籍。委之府史。非有能吏以鉤考。而斷盜者輒發。凶年饑歲。流者塡道。死者相枕。而寇攘者輒得。此賞重而信之效也。大臣貴戚。左右近習。莫能大擅威福。廣私貨賂。一有姦慝。隨輒上聞。貪邪橫猾。雖間或見用。未嘗得久。此納用諫官御史。公聽並觀而不蔽於偏至之讒之效也自縣令京官以至監司臺閣陞擢之任雖不皆得人然一時之所謂才士亦罕蔽塞而不見收舉者此因任衆人之耳目拔舉疏遠而隨之以相坐之法之效也升遐之日天下號慟如喪考妣此寬仁恭儉出於自然忠恕誠慤終始如一之效也然本朝累世因循末俗之弊而無親友羣臣之議人君朝夕與處不過宦官女子出而視事又不過有司之細故未嘗如古大有爲之君與學士大夫討論先王之法以措之天下也一切因任自然之理勢而精神之運有所不加名實之間有所不察君子非不見貴然小人亦得廁其間正論非不見容然邪說亦有時而用以詩賦記誦求天下之士而無學校養成之法以科名資歷敘朝廷之位而無官司課試之方監司無檢察之人守將非選擇之吏轉徙之亟既難於考績而游談之衆因得以亂眞交私養望者多得顯官獨立營職者或見排沮故上下偷惰取容而已雖有能者在職亦無以異於庸人農民壞於繇役而未嘗

特見救恤。又不爲之設官以修其水土之利。兵士雜於疲老。而未嘗申勑訓練。又不爲之擇將。而文其疆埸之權。宿衛則聚卒伍無賴之人。而未有以變五代姑息羈縻之俗。宗室則無教訓選舉之實。而未有以合先王親疎隆殺之宜。其於理財。大抵無法。故雖儉約而民不富。雖憂勤而國不強。賴非夷狄昌熾之時。又無堯湯水旱之變。故天下無事。過於百年。雖曰人事。亦天助也。蓋累聖相繼。仰畏天。俯畏人。寬仁恭儉。忠恕誠慤。此其所以獲天助也。伏惟陛下。躬上聖之質。承無窮之緒。知天助之不可常恃。知人事之不可怠終。則大有爲之時。正在今日。臣不敢輒廢將明之義。而苟逃諱忌之誅。伏惟陛下。幸赦而留神。則天下之福也。

上五事劄子

陛下卽位五年。更張改造者數千百事。而爲書具。爲法立。而爲利者。何其多也。就其多而求其法最大。其效最晚。其議論最多者。五事也。一曰和戎。二曰青苗。三曰免役。四曰保甲。五曰市易。今青唐洮河幅員三千餘里。舉戎羌之衆二十萬。獻其地。因爲熟戶。則和戎之策已效矣。昔之貧者。舉息之於豪民。今之貧者。舉息之於官。官薄其息。而民救其乏。則青苗之令已行矣。惟免役也。保甲也。市易也。此三者有大利害焉。得其人而行之。則爲大利。非其人而行之。則爲大害。緩而圖之。則爲大利。急而成之。則爲大害。傳曰。事不師古。以克永世。匪說攸聞。若三法者可謂師古矣。然而知古之道。然後能行古之法。此臣所謂大利害者也。蓋免役之法。出於周官。所謂府史胥徒。王制。所謂庶人在官者也。然而九州之民。貧富不均。風俗不齊。版籍之高下不足據。今一旦變之。則使之家至戶到。均平如一。舉天下之役。人人用募。釋天下之農。歸於畎畝。苟不得其人而行。則五等必不平。而募役必不均矣。保甲之法。起於三代。丘甲。管仲用之齊。子產用之鄭。商君用之秦。仲長統言之漢。而非今日之立異也。然而天下之人。鳧居鴈聚。（鳧音扶・虞韻・水鳥也・俗謂野鴨・）散而之四方。而無禁也者數千百年矣。今一旦變之。使行什伍相維。鄰里相屬。察姦而顯諸仁。宿兵而藏諸用。苟不得其人。而行之。則擾之以追呼。駭之以調發。而民心搖矣。市易之法。起於周之司市。漢之平準。今以百萬緡之錢。權物價之輕重。以通商而貰之。（貰音世·霽韻◎·貸也·賒也·）令民以歲入數萬緡息。然甚知天下之貨賄未甚行。竊恐希功幸賞之人。速求成效於年歲之間。則吾法隳矣。臣故曰三法者。得其人緩而謀之。則爲大利。非其人急而成之。則爲大害。故免役之法成。則農時不奪。而民力均矣。保甲之法成。則寇亂息。而威勢彊矣。市易之法成。則貨賄通流。而國用饒矣。（以上臨川集）

荆公瀟灑

王荆公再罷政。以使相判金陵。到任卽納節讓同平章事。懇請賜允。改左僕射。未幾。又求宮觀。累表得會靈觀使。築地於南門外七里。去蔣山亦七里。平日乘一驢。從數僮遊諸山寺。欲入城則乘小舫。泛潮溝以行。蓋未嘗乘馬與肩輿也。所居之地。四無人家。其宅僅蔽風雨。又不設垣牆。望之若逆旅之舍。有勸築垣牆。輒不答。元豐末。荊公被疾。奏捨此宅爲寺。有旨賜名報寧。既而荊疾愈。稅城中屋以居。竟不復造宅。宋朱軒筆錄

尋半山堂遺址

舒王歸臥後。卜築蔣山邊。騎驢衣掃塔。來往定林前。空山無舊業。歎澗但懷煙。太息元豐事。江城聞杜鵑。漁洋山人精華錄

釋了元十四

宋。釋。名了元。字覺老。賜號佛印。生饒州。故治即今江西省・鄱陽縣・浮梁。縣名・屬江西省・林氏。世業儒。父祖皆不仕。元生有夙慧。早歲出家。蘇軾久與之游。時元住持潤州金山寺。在江蘇省・鎭江縣・西北七里・軾赴杭過潤。爲留數月。一日值元師挂牌。與弟子入室。軾便服入方丈見之。元曰。內翰何來。此間無坐處。軾戲云。暫借和尙四大。用作禪牀。元曰。山僧有一問。若答得。卽便請坐。答不得。卽輸腰間玉帶。軾欣然曰。便請。元曰。山僧四大本空。五蘊非有。居士向甚處坐。軾不能答。遂留玉帶。永鎭山門。元却贈以雲山衲衣。軾乃賦二絕云。此帶閱人如傳舍。傳流到我亦悠哉。錦袍錯落眞相稱。乞與佯狂老萬回。又病骨難堪玉帶圍。鈍根仍落箭鋒機。欲敎乞食歌姬院。故與雲山舊衲衣。詳見山志。

宋仁宗天聖十年五月十九日丑時生生卒參考高僧生卒表及金山志通會等書

宋哲宗紹聖五年正月初四日□時卒

壬申	命	一歲 十一	丁未 戊申
丙午	宮	二一 三一	己酉 庚戌
己丑	己	四一 五一	辛亥 壬子
乙丑	酉	六一 七一	癸丑 甲寅

福清劉名芳纂修之金山志云。卷四釋佛印。名了元。生饒州浮梁林氏。世業儒。父祖皆不仕。元生二歲。琅琅誦論語。五歲誦諸家詩三千首。既長從師授五經。略通大義。因讀首楞嚴經于竹林寺。愛之。盡捐舊學。白父母。求出家。禮寶積寺。試經受具。游廬山。謁開先暹。暹頗自負高蹈海上。俯視後進。元與問答。乃稱賞。時年十九。又謁圓通訥。訥曰。骨格已似雪竇。後來之俊也。時書記懷璉方應詔。以元繼其職。江州承天虛席。（江州·今江西省南昌縣治·）又以元當選。或謂其少。訥曰。元齒少而德壯。雖萬耆衲。不可折也。已爲暹嗣法。時年二十有八。自承天遷淮之斗方。廬山之開先。歸宗。潤之金山。焦山。江西之大仰。及雲居。諸名

勝地。凡四十年。德化緇素。縉紳之賢者。多與之游。東坡謫黃州。（卽今湖北黃岡縣。）廬山對岸。元居歸宗。相與酧酢無虛日。及在金山。東坡釋還東吳。復相往來。嘗謂衆曰。昔雲門說法如雲雨。絕不喜人記錄其語。見必罵逐。今室中對機錄。皆香林明教以紙爲衣。隨所聞卽書之。後世學者漁獵文字語言。正如吹網欲滿。非愚卽狂也。時高麗僧統義天棄王位出家。航海至明州。（在今浙江省上鄞縣東。）疏乞遍歷叢林問法受道。有詔朝奉郎楊傑次公館伴。所經吳中諸剎皆餞如王臣禮。至金山。元牀坐。納其大展。次公驚問故。元曰。義天亦異國僧耳。僧至叢林規繩如是。不可易也。衆姓出家。同名釋子。自非買崔盧門閥相高安問貴種。次公曰。卑之少狥時宜。求異諸方。亦豈覺老心哉。元曰不然。屈道隨俗。諸方先失一隻眼。何以示華夏師法乎。朝廷聞之。以元知大體。李伯時爲元寫照。元曰。必爲我作笑狀。後。（紹聖五）元符元年正月初四日。聽客語。有會於心。軒渠一笑而化。其令畫笑狀。非苟然也。珊曩讀此傳。不獨欽佩佛印禪師之早具夙慧。棄俗出家。且艷羨其嗣法名師住持勝地。不獨欽佩其坐對應天。不失大體。尤艷羨其軒渠一笑。撒手西歸。然此猶無關宏旨。最足以令人折服者。其惟以紙爲衣。隨所聞卽書之之二語耳。珊於欽佩艷羨之餘。嘗欲考其命造究竟。及觀通會所載（卷九第三頁）乙巳。壬午。己丑。乙丑。註有佛印禪師四字。不禁狂喜。及細按之。既與景德二年乙巳不合。又與治平二年乙巳不合。其爲舛誤可知。及閱高僧生卒表。乃知佛印禪師。宋仁宗天聖十年壬申生。哲宗紹聖五年戊寅卒。壽六十有七。遂就壬申年。丙午月。求己丑日。乙丑時。果係宗祠館帶空亡。孤虛值華蓋。其爲高僧之造無可疑義。再按諸日元己土。誕臨五月。土得火生。正氣充足。益以壬水之潤澤。乙木之疏通。其爲生機活潑。更可想見。所以心如明鏡。口吐蓮花。惟其不染一塵。始可直達上方。此豈長安道中名利客所可相與比京者哉。十九歲申運。游廬山。得開先暹讚賞。二十八歲酉運。得圓通訥垂青。承天處席被選。三十八歲戌運。神宗賜以高麗磨衲金鉢。藉旌師德。六十一歲子運。禪師猶有爲坡公買田之說。具見坡公之於禪師。息息相通。匪伊朝夕。凡此種種。皆大運金水。有以致之。至六十七歲丑運。墓庫固差。太歲戊寅。與生年壬申宣戰。尤否。然而一笑歸去。亦生有自來也。

附錄

李伯時爲予寫照作笑自贊

李公天上石麒麟。傳得雲居道者眞。不爲拈花明大事。等閒開口笑何人。泥牛漫向風前吼。枯木無端雪裏春。現對堂堂俱不識。太平時代自由身。

答子由

空手持來放下難。三賢十聖聚頭看。這般供養能歆享。木馬泥牛亦喜歡。

答子瞻

元豐末。子瞻得請歸耕陽羨。舟次瓜步。以書抵金山了元曰。不必出山。當如趙州上等接人。元得書徑來。東坡笑問之。元以偈答曰。趙州當日少謙光。不出山門接趙王。爭似金山無量相。大千都作一禪牀。坡抵掌稱善。以上金山志

蘇軾十五

宋。姓蘇氏。洵子。名軾。字子瞻。一字和仲。世又稱長公。或謂大蘇。眉山人。眉山今縣名屬四川省·生于紗縠行私第。比長。修髯朗眉。背有黑子。若星斗狀。嘉祐丙申年二十一舉進士。丁酉試禮部。歐陽修置第二。復以春秋對義居第一。殿試中乙科。後以書見修。修語梅聖俞曰。吾當避此人出一頭地。對策入三等。簽書鳳翔府判官。召直史館。熙寧辛亥。年三十六王安石創行新法。軾上書論其不便。安石怒。使御史謝景溫論奏其過。窮治無所得。軾遂請外任。通判杭州。元豐己未。年四十四再徙知湖州。今浙江省·吳興縣·言者摭其詩語以爲訕謗。逮赴臺獄。欲置之死。鍛鍊久不決。以黃州今湖北省·黃岡縣·團練副使安置。軾築室於東坡。自號東坡居士。移汝州。今河南省·臨汝縣·元祐丙寅。年五十一屢官翰林學士。兼侍讀。己巳年五十四除龍圖閣學士。知杭州。辛未年五十六召爲翰林承旨。復出領汝陰。縣名·卽今安徽省·合肥縣治·癸酉年五十八歷端明殿翰林侍讀兩學士。出知定州。故治·在今四川省·洪縣西南·

紹聖甲戌（年五十九）累貶惠州瓊州儋州。（惠州故治，在今惠陽縣西，瓊州即今瓊山縣，儋州即今儋縣，均屬廣東省，）庚辰（年六十五）赦還。提舉玉局觀。復朝奉郎。建中靖國辛巳七月丁亥卒於常州。（即今江蘇省，武進縣，）年六十六。諡文忠。軾師父洵爲文。既而得之於天。嘗自謂作文。如行雲流水。初無定質。其體涵渾光芒。雄視百代。有易書傳。論語說。仇池筆記。東坡志林。東坡全集。東坡詞等。凡數百卷。又善書。兼工繪事云。

宋仁宗景祐三年十二月十九日卯時生（生卒均見年譜）

宋徽宗建中靖國元年七月廿八日□時卒

丙子	命	四歲 十四	壬寅 癸卯
辛丑	宮	二四 三四	甲辰 乙巳
癸亥	庚	四四 五四	丙午 丁未
乙卯	子	六四 七四	戊申 己酉

東坡先生年譜（五羊王宗稷編）載公八字。爲丙子年。辛丑月。癸亥日。乙卯時。議者謂

丙子癸亥。水向東流。故才氣汗漫而澄清。子卯相刑。晚年多難。寥寥數語。頗爲精審。茲再詳繹。與同好商榷之。謹按公造年枝子。日枝丑。月枝亥。固會爲北方一氣。而日元癸亥。納音又爲大海之水。繼之以年幹丙火。五色麗天。直是水火既濟。然不逢卯時。猶未可以朝日浴海言。今既誕生卯時。氣象東朝。光輝發越。格局完善。蔑以加矣。惜年月子丑。俱值空亡。雖早擢詞科。榮膺上第。入掌書命。出典方州。卒遭異己擠排。未能大展懷抱。公謂退之以磨蝎爲身宮。而僕以磨蝎爲命宮。平生多得謗譽。殆是同病。公亦可謂知命者矣。總之。公之造。結晶在丙火卯木。尤妙者四柱不逢戊己。故汗漫澄清。稍一見土。卽破正格。（此名北方一氣格。）觀於二十一歲卯運丙申。舉進士。二十五歲甲運庚子。至二十九歲甲辰。自授河南福昌縣主簿。（福昌故城。在河南省。宜陽縣西六十里。今爲福昌集。）至任大理評事。鳳翔府僉判。（卽今陝西省鳳翔縣。）皆値木運。甚至火年。卽可知其結晶在丙火卯木。爲不虛也。二十二歲丁酉。程太夫人見背。三十歲辰運乙巳。王夫人卒。三十一歲辰運丙午。老蘇棄養。具見丁酉。乙巳。丙午。等年。忽劫忽比。莫不有妨正格。幸運行卯辰。合木。藏木。僅有憂喪而已。三十五歲庚戌。至三十九歲甲寅。自監官告院。至外任通判杭州。海涵春育。流水行雲。此乃乙木生火之效力。豈有他哉。四十歲乙卯。到密州任。密州。即今山東省。諸城縣。四十一歲丙辰。四十二歲丁巳。均在密州。四十三歲戊午。改知徐州。適值春旱。徐州城東二十里。有石潭。置虎頭其中。可致雷雨。作起伏龍行。二月有旨賜錢二千四百一十萬。起夫四千二十三人。及發常平錢米。改築徐州外小城。創木岸四。並在城之東門。爲大樓。堊以黃土。堊音惡。色土也。名之曰黃樓。以土實勝水故也。珊按公亦信雲龍風虎。及五行勝生之說。以獎諭勅記。勅音敕。誡也。本作敕。或作飭。特刻諸石。四十四歲己未。三月戊辰。移知湖州。四月己巳。到湖州任。言事者以湖州到任謝表以爲謗。中使皇甫遵。道湖州。即今浙江省。吳興縣。追攝公上文潞公書云。某始就逮赴獄。有一子稍長。徒步相隨。其餘守舍皆婦女幼稚。至宿州。御史符下。就家取書。州郡望風遣吏發卒。圍船搜取長幼幾怖死。既去。婦女恚罵曰。是好著書。書成何所得。而怖我如此。悉取焚之。已而獄具。十二月責授黃州團練副使。本州安置。此五年。禍福不同。要亦有故。大運蒞巳。誠癸水日元之貴人。其如與日枝亥衝。何至乙卯丙辰丁巳三年。皆逢木火。是以裕如。戊午幹土枝火。故亦無恙。己未幹枝皆土。是以禍作矣。四十五歲庚申至四十九歲甲子。公雖謫黃州。有時尚爲通判。且有量移汝州之命。雖經過流年極否。究竟運行丙火。不無裨益。否則殆矣。五十歲乙丑。及至南京。有放歸陽羨之命。遂居常。五月內復朝奉郎。知登州五日。（即今山東省蓬萊縣。）以禮部郎召。到省半月。除起居舍人。五十一歲丙寅。以七品服入侍延和。改賜銀緋。尋除中書舍人。復遷翰林學士。知制誥。五十二歲丁卯。爲翰林學士。復除侍讀。五十三歲戊辰。任翰林學士。知貢舉。五十四歲己巳。任翰林學士。三月除龍圖閣學士。知杭州。此五年運行午火。獨能化難祥。稍舒抑鬱者。蓋丑與子合。不復衝午。君子道長。小人道消也。五十五歲午。在杭州任。五十六歲辛未。奉召除翰林承旨。復知汝陰。汝陰久雪人饑。妨以義倉之積穀數千石支散。以救下民。炭數萬秤。柴數十萬秤。依原價賣夲以濟中民。奏放積欠賑濟。又奏乞罷黃河夫萬人。開本州溝瀆。從之。五十七歲壬申。改知揚州。已而以兵部尚書召復兼侍讀。五十八歲癸酉。任端明侍讀二學士。出知定州。繼室王夫人卒於京師。五十九歲甲戌。知定州。就任。落兩職。追一官知英州。故治。在廣東省・英德縣東・行至南康軍。即今江西省星子縣・再貶寧遠軍即今廣東省・容縣・節度副使惠州安置。過虔州・有記眞君籤說・丁運屬火甚佳。是以發政施仁。惠民福國。詎料歲值癸酉。小限癸卯。歲值甲戌。小限壬寅。助日元之癸水尅大運之丁火。竟有喪妻貶職之虞耶。六十歲乙亥。至六十四歲己卯。自惠州而瓊州而儋州。雖曰病痔呻吟。狼狽萬狀。而公胸中仍自有翛然之處。翛音西疾貌・此無他。未運衝丑。得子合之故也。六十五歲庚辰。公在儋州食芋飲水。適逢大赦。量移廉州。即今廣東省・合浦縣・又移永州。即今湖南省・零陵縣・行至英州。復朝奉郎提舉。成都府玉局觀。任便居住。六十六歲度嶺北歸。五月行至眞州。(即今江蘇省儀徵縣。)瘴毒大作。病暴下。止於常州。六月上表請老。以本官致仕。七月丁亥。卒于常州。實七月二十八日也。觀此益信汗漫澄淸之水。最忌逢土。歲値庚辰。得逢大赦。任便居住者。無衝尅也。歲値辛巳。卒於常州者。二辛妒丙。巳遙衝亥也。嗚呼。公之文章。爲百世之師。公之忠義。爲天下大閑。乃竟困阨如斯。未能大用。豈非命乎。

附錄

西蜀楊耆。二十年前見之。甚貧。今見之亦貧。所異於昔者。蒼顏華髮耳。女無美惡。富者妍。士無賢不肖。貧者鄙。使其逢時遇合。豈減當世之士哉。頃宿長安驛舍。聞泣者甚怨。問之。乃昔富而今貧者。乃作一詩。今以贈楊君。

孤村漸雨逐秋涼。逆旅愁人怨夜長。不寐相看唯櫪馬。愁吟互答有寒螿。天

寒滯穗猶橫畝。歲晚空機尙倚牆。勸爾一杯聊復睡。人間貧富海茫茫。東坡全集

上神宗皇帝書

臣之所欲言者三言而已。願陛下結人心。厚風俗。存紀綱。人主之所恃者人心而已。如本之有根。燈之有膏。魚之有水。農夫之有田。商賈之有財。失之則亡。此理之必然也。自古及今未有和易同衆而不安。剛果自用而不危者。陛下亦知人心之不悅矣。祖宗以來。治財用者不過三司。今陛下不以財用付三司。無故又創制三司條例一司。使六七少年。日夜講求於內。使者四十餘輩。分行營幹於外。夫制置三司條例司。求利之名也。六七少年。與使者四十餘輩。求利之器也。造端宏大。民實驚疑。創法新奇。吏皆惶惑。以萬乘之主而言利。以天子之宰而治財。論說百端。喧傳萬口。徒曰我無其事。何恤於人言。操罔罟而入江湖。語人曰我非漁也。不如捐罔罟而人自信。驅鷹犬而赴林藪。語人曰我非獵也。不如放鷹犬而獸自馴。故臣以爲欲消讒慝而召和氣。

則莫若罷條例司。今君臣宵旰。幾一年矣。而富國之功。茫如捕風。徒聞內帑出數百萬緡。祠部度五千餘人耳。以此爲術。其誰不能。而所行之事。道路皆知其難。汴水濁流。自生民以來。不以種稻。今欲陂而淸之。萬頃之稻。必用千頃之陂。一歲一淤。三歲而滿矣。陛下遂信其說。即使相視地形。所在鑿空訪尋水利。妄庸輕剽。率意爭言。官司雖知其疎。不敢便行抑退。追集老少。相視可否。若非灼然難行。必須且爲興役。官吏苟且順從。眞謂陛下有意興作。上靡帑廩。下奪農時。隄防一開。水失故道。雖食議者之肉。何補於民。臣不知朝廷何苦而爲此哉。自古役人必用鄉戶。今者徒聞江浙之間。數郡雇役。而欲措之天下。單丁女戶。蓋天民之窮者也。而陛下首欲役之。富有四海。忍不加恤。自楊炎爲兩稅。租調與庸。既兼之矣。奈何復欲取庸。萬一後世不幸有聚斂之臣。庸錢不除。差役仍舊。推所從來。則必有任其咎者矣。靑苗放錢。自昔有禁。今陛下始立成法。每歲常行。雖云不許抑配。而數世之後。暴君汙吏。陛下能保之與。計願請之戶。必皆孤貧不濟之人。鞭撻已急。則繼之逃亡。不還則均及隣保。勢有必至。異日天下恨之。國史記之曰青苗錢自陛下始。豈不惜哉。且常平之法。可謂至矣。今欲變爲青苗。壞彼成法。所喪逾多。虧官害民。雖悔何及。昔漢武帝以財力匱竭。用賈人桑宏羊之說。買賤賣貴。謂之均輸。於時商賈不行。盜賊滋熾。幾至於亂。孝昭既立。霍光順民所欲而予之。天下歸心。遂以無事。不意今日此論復興。立法之初。其費已厚。縱使薄有所獲。而征商之額。所損必多。譬之有人爲其主畜牧。以一牛易五羊。一牛之失。則隱而不言。五羊之獲。則指爲勞績。今壞常平而言青苗之功。虧商稅而取均輸之利。何以異此。臣竊以爲過矣。議者必謂民可與樂成。難與慮始。故陛下堅執不顧。期於必行。此乃戰國貪功之人。行險僥倖之說。未及樂成而怨已起矣。臣之所願陛下結人心者此也。國家之所以存亡者在道德之淺深。不在乎强與弱。歷數之所以長短者。在風俗之薄厚。不在乎富與貧。人主知此。則知所輕重矣。故臣願陛下務從道德而厚風俗。不願陛下急於有功。而貪富強。愛惜風俗。如護元氣。聖人非不知深刻之法。可以齊衆。勇悍之夫。可以集事。忠厚近於迂闊。老成初若遲鈍。然終不肯以彼易此者。知其所得小。而所喪大也。仁祖持法至寬。用人有敍。專務掩覆過失。未嘗輕改舊章。考其成功。則曰未至。以言乎用兵。則十出而九敗。以言乎府庫。則僅足而無餘。徒以德澤在人。風俗知義。故升遐之日。天下歸仁焉。議者見其末年吏多因循。事不振舉。乃欲矯之以苛察。齊之以智能。招來新進勇銳之人。以圖一切速成之效。未享其利。澆風已成。多開驟進之門。使有意外之得。公卿侍從。跬步可圖。俾常調之人。舉生非望。欲望風俗之厚。豈可得哉。近歲樸拙之人愈少。巧進之士益多。惟陛下哀之救之。以簡易為法。以淸淨為心。而民德歸厚。臣之所願陛下厚風俗者此也。祖宗委任臺諫。未嘗罪一言者。縱有薄責。旋即超升。許以風聞。而無官長。言及乘輿。則天子改容。事關廊廟。則宰相待罪。臺諫固未必皆賢。所言亦未必皆是。然須養其銳氣。而借之重權者。豈徒然哉。將以折奸臣之萌也。今法令嚴密。朝廷清明。所謂奸臣。萬無此理。然養貓以去鼠。不可以無鼠而養不捕之貓。畜狗以防盜。不可以無盜而畜不吠之狗。陛下得不上念祖宗設此官之意。下爲子孫萬世之防。臣聞長老之談。皆爲臺諫所言。常隨天下公議。公議所與。臺諫亦與之。公議所擊。臺諫亦擊之。今者物論沸騰。怨讟交至。公議所在。亦知之矣。臣恐自茲以往。習慣成風。盡爲執政私人。以致人主孤立。紀綱一廢。何事不生。臣之所願陛下存紀綱者此也。節錄

宋史・卷三百三十八・

公在金山。嘗作詩戲佛印云。遠公沽酒飲陶潛。佛印燒猪待子瞻。采得百花成蜜後。不知辛苦爲誰甜。蓋軾性喜燒猪。佛印住山。每製以待其來。一日爲人竊去。故有是作。金山志

浮玉老師元公。欲爲吾買田京口。要與浮玉之田相近者。此意殆不可忘。吾

昔有詩云。江山如此不歸山。山神見恠驚我頑。我謝江神豈得已。有田不歸如江水。今有田矣。不歸。無乃食言於神也耶。

建中靖國中。坡公自儋北歸。卜居陽羨。陽羨士大夫猶畏而不敢與游。獨士人邵民瞻從學於坡。坡公亦喜其人。時時相與杖策過長橋。訪山水爲樂。邵爲坡買一宅。爲緡五百。坡傾囊僅能償之。卜吉入居。既得日矣。夜與邵步月。偶至村落。聞婦人哭聲極哀。坡徙倚聽之。曰。異哉。何其悲也。豈有大難割之愛。觸於其心歟。吾將問之。遂與邵推扉而入。則一老嫗。見坡。泣自若。坡公問嫗。何爲哀傷至是。嫗曰。吾有一居。相傳百年。保守不動。以至於此。吾子不肖。舉以售人。吾今日遷徙至是。以百年舊居。一旦訣別。此吾所以泣也。坡亦爲之愴然。問其故居所在。卽坡以五百緡所得者也。因再三慰撫曰。嫗之故居。乃吾所售也。不必深悲。當以是居還嫗。卽命取屋劵對嫗焚之。呼其子。命翌日迎母還舊居。不索其直。坡自是遂還毗陵。不復買宅。借顧塘橋孫氏居暫住焉。是歲七月坡竟歿於借居。

退之詩云。我生之辰。月宿直斗。乃知退之磨蝎爲身宮。而僕乃以磨蝎爲命。平生多得謗譽。殆是同病也。

東坡初入荆溪。有樂死之語。繼而抱疾稍革。徑山老惟琳來候。坡曰。萬里嶺海。不死而歸。宿田里。有不起之憂。非命也耶。然生死亦細故耳。後二日將屬纊。聞根先離。琳叩耳大聲曰。端明忽忘西方。坡言西方不無。但箇裏着力不得。語畢而終。以上全集外紀下

歐陽文忠公嘗語少時有僧相我。耳白於面。名滿天下。唇不着齒。無事得謗。其言頗驗。耳白於面。則衆所共見。唇不着齒。予亦不敢問公。不知其何故也。

東坡曰。無事靜坐。便覺一日似兩日。若能處置此生。常似今日。得年至七十。便是百四十歲。人世間何藥能有此效。既無反惡。又省藥錢。此方人人收得。但苦無好湯。使多嚥不下。胡苕溪云。余連蹇遷調四十年。在官之日少。投閑

之日多。因能知靜坐之味矣。第向平婚嫁之志未畢。退之啼號之患方劇。正所謂無好湯。使多噉不下也。

東坡送安惇落第詩云。故書不厭百回讀。熟讀深思子自知。僕常以此語銘坐右而書諸紳也。欒城遺書

頃歲孫莘老識歐陽文忠公。嘗乘間以文字問之。云無他術。唯勤讀書而多爲之自工。世人患作文字少。又懶讀書。每一篇出。卽求過人。如此少有至者。疵病不必待人指擿。直隻切。陌韻。與擲同。投也。又丁歷切。音的。挑也。取也。多作自能見之。此公以其嘗試者告人。故尤有味。

昨日太守楊君采。通判張公規。邀予出遊安國寺。坐中論調氣養生之事。予云皆不足道。難在去慾。張云。蘇子卿齧雪啖氈。蹈背出血。無一語少屈。可謂了生死之際矣。然不免爲胡婦生子。窮居海上。而況洞房綺疏之下乎。綺。遺以切。紙韻。文繒也。繒音增。帛之總名。綺疏。文窗也。卽鏤爲綺文之謂。乃知此事不易消除。衆客皆大笑。予愛其語

有理。故爲記之。

張君持此紙求僕書。且欲發藥。君當以何品。吾聞戰國中有一方。吾服之有效。故以奉傳。其藥四味而已。一曰無事以當貴。二曰蚤寢以當富。三曰安步以當車。四曰晚食以當肉。夫已饑而食。蔬食有過於八珍。而既飽之餘。雖芻豢滿前。惟恐其不持去也。若此可謂善處窮者矣。然而於道則未也。安步自佚。晚食爲美。安以（疑懲字）當車與肉爲哉。車與肉猶存於胸中。是以有此言也。

男子之生也覆。女子生也仰。其死於水也亦然。男子內陽而外陰。女子反是。故易曰坤至柔而動也剛。書曰沈潛剛克。世之達者。蓋如此也。秦醫和曰。天有六氣。淫爲六疾。陽淫熱疾。陰淫寒疾。風淫末疾。雨淫腹疾。晦淫惑疾。明淫心疾。夫女陽物而晦時。故淫則爲內熱蠱惑之疾。女爲蠱惑。世之知者衆。其爲陽物而內熱。雖良醫未之言也。五勞七傷。皆熱中而蒸。晦淫者不爲蠱則中風。皆熱之所生也。醫和之語。吾嘗表而出之。續左氏書此。

予嘗夢杜子美云。世人誤會八陣圖詩云。江流石不轉。遺恨失吞吳。以爲先主武侯。欲與關羽復仇。故恨不滅吳。非也。我意本爲吳蜀脣齒之國。不當相圖。晉能取蜀者。以蜀有吞吳之意。此爲恨耳。

端居靜念。思五臟皆止一。而腎獨二。蓋萬物之所終始。生之所出。死之所入故也。太玄罔直蒙酋冥。罔爲冬。直爲春。蒙爲夏。酋爲秋。冥復爲冬。則此理也。人之四肢九竅凡兩者。皆水屬也。兩腎。兩足。兩外腎。兩手。兩目。兩鼻。皆水之升降出入也。手足外腎。舊說固與腎相表裏。而鼻與目皆古未之言也。豈亦有之。而僕觀書少不見耶。以理推之。此兩者其液皆鹹。非水而何。僕以爲不得此理。則內丹不成。此又未易以筆墨究也。古人作明目方。皆先養腎水。而以心火煖之。以脾固之。脾氣盛則水不下泄。心氣下則水上行。水不下泄而上行。目安得不明哉。孫思邈用磁石爲主。而以硃砂神麯佐之。豈此理也夫。

安常博極羣書。而善窮物理。當爲僕思之。是否一報某書。以上東坡全集與章質夫書云。藥方付徐令去。惟細辨覆盆子。若不眞。即無效。前日路傍摘者。此土人謂之插秧。每三四月花。五六月熟。其子酸甜可食。當陰乾其子用之。今藥人賣者乃是花鴉苗。九月熟。與本草所說不同。不可妄用。唐宋八家尺牘

舒州醫人李惟熙善論物理。云。菱芡皆水物。菱寒而芡煖者。菱花開背日。芡花開向日故也。又曰。桃杏雙仁輒殺人者。其花本五出。六出必雙。草木花皆五出。惟雪花六出。此殆陰陽之理。今桃杏六出雙仁。皆殺人者。失常故也。

與黃魯直書云。某數日來苦痔疾。百藥不效。遂斷肉菜五味。日食淡麵兩椀。胡麻茯苓麨數杯。某戒又嚴於魯直。雖未能自作誓文。且日戒一日。庶幾能修之。非特愈痔。所得多矣。

本草云。熟地黃麥門冬車前子。相雜治內障眼有効。屢試信然。其法細搗羅蜜丸。如桐子大。三藥皆難搗。羅和合異常甘香。眞奇藥也。露蜂房蛇退皮亂髮。各燒灰存性。取錢匕酒服。治瘡久不合。以上東坡全集

與章子厚書云。僕居東坡。作陂音碑・澤障也・蓄水曰陂・種稻有田五十畝。身耕妻蠶。聊
以卒歲。昨日一牛病幾死。牛醫不食其狀。而老妻識之。曰此牛發痘斑瘡也。
法當以青蒿粥啖之。用其言而效。勿謂僕謫居之後。一向便作村舍翁。老妻
猶解接黑牡丹也。言此發公千里一笑。唐宋八家尺牘

本草菖蒲。味辛溫無毒。開心補五臟。通九竅。明耳目。久服輕身不忘。延年益
心智。高志不老。注云。生石磧上。槪節者良。生下濕地大根者。乃是昌陽。不可
服。韓退之進學解云。訾醫師以昌陽引年。欲進其稀苓。不知退之卽以昌陽
爲菖蒲耶。抑謂其似是而非。不可以引年也。凡草木之生石上者。必須微土
以附其根。如石韋石斛之類。雖不待土。然去其本處。輒槁死。惟石菖蒲幷石
取之。濯去泥土。漬以清水。置盆中。可數十年不枯。雖不甚茂。而節葉堅瘦。根
鬚連絡。蒼然於几案間。久而益可喜也。其輕身延年之功。旣非昌陽所能及。
至於忍寒苦。安澹泊。與清泉白石爲伍。不待泥土而生者。亦豈昌陽之所能

髣髴哉。余游慈湖山中。得數本。以石盆養之。置舟中。間以文石。石英璀璨芬郁。意甚愛焉。顧陸行不能致也。乃以遺九江道士胡洞微。使善視之。余復過此。將問其安否。贊曰。

清且泚。惟石與水。託於一器。養非其地。瘠而不死。夫孰知其理。不如此。何以輔五臟而堅髮齒。

或謂余言草木之長。常在昧明間。早起伺之。乃見其拔起數寸。竹筍尤甚。夏秋之交。稻方含秀。黃昏月出。露珠起於其根。纍纍然忽自騰上。若推之者。或綴於莖心。或綴於葉端。稻乃秀實。驗之信然。此二事與子由養生之說契。故以此爲寄。

竹有雌雄。雌者多筍。故種竹當種雌。雄自根以上至梢。一節發者爲雄。二節發者爲雌。物無逃於陰陽。信哉。以上東坡全集

蘇東坡云。故人史生爲余言。中秋有月。則是歲珠多而圓。賈人常以此候之。

蘇東坡一帖云。予少嗜甘。日食蜜五合。嘗謂以蜜煎糖而食之可也。又曰。吾好食薑蜜湯。甘芳滑辣。使人意快而神清。其好食甜可知。至別子由詩云。我欲自汝陰。徑上潼江章。想見冰盤中石蜜與糖霜。嗜甘之性。至老而不衰。其見於篇章者如此。以上甕牖閒評

子瞻到黃。廩食既絕。痛自節儉。日用不得過百五十文。每月朔。取四千五百錢。斷為三十塊。掛屋梁上。平旦取一塊。給一日之用。餘則別貯以給賓客。武林沈仕林下清錄

東坡亦讀相人書

東坡詩。坐閱諸公半廊廟。時看黃色起天庭。注不甚詳。按王朴太淸神鑒。黃色吉凶歌云。黃色天中列土分。圓光重大拜公卿。坡蓋用太淸神鑒語耳。南濆楛語○濆音脣。廣韻。水涯也。楛音戶。廣韻。木名。似荊。赤。莖似蓍。可爲矢幹。

東坡贈相者程傑詩

東坡自謫海南歸。人有問遷謫之苦者。坡云。此是骨相所招。少時入京師。相者云。一雙學士眼。半箇配軍頭。異日文章顯。當知名。然有遷謫不測之禍。坡又贈善相者程傑詩云。火色上騰雖有數。急流勇退豈無人。亦似相其不壽。而欲以早休當之。故又曰。我似樂天君記取。華顛賞遍洛陽春。然坡公生平居官。起而復躓。未得遂急流勇退之願。而卒於毗陵。年僅五十有四。未嘗一日享林下之樂。相者之言悉驗。（堅瓠八集）

東坡楹聯

聞廣東省城眞武廟。有蘇文忠公手書一聯云。逞披髮仗劍威風。仙佛焉耳矣。有降龍伏虎手段。龜蛇云乎哉。語意岸異。非凡手所能。而是否蘇筆。尚須向粵東人考之。（楹聯叢話）

東坡在黃州。一日逼歲除。訪王文甫見其家方治桃符。公戲書一聯於其上云。門大要容千騎入。堂深不覺百男讙。（叢話引墨莊漫錄）

蘇黃二公用心過人

蘇東坡及官可蔭補。以伯父之孫彭。見墓誌。黃太史遇郊當任子。舍其子而官其兄之子。見豫章先生傳。觀二公用心如此。其中非有大過人者。孰能爾耶。未論其文章也。

東坡退居之志未遂

蘇東坡詩云。我大似樂天。但無素與蠻。挂冠及未艾。當獲一紀閒。意亦欲如樂天。退居之後。安貧樂道。優游以卒歲耳。乃晚歲竄逐海上。滯留七年。後雖復官以歸。而奔馳數月。竟殁于中途。良可歎也。以上甕牖閒評

蘇文忠公祠聯

眉州三蘇祠中。楹聯林立。殊少佳構。惟大門有張鵬翮一聯云。一門父子三詞客。千古文章四大家。最爲大雅。又乾隆中州牧蔡宗建一聯云。是父是子。家學一門。自昔聲名彌宇宙。難兄更難弟。象賢兩世。至今俎豆重鄉邦。又

劉錫嘏集句一聯云。江山故宅空文藻。父子高名重古今亦佳。

西湖向無蘇公專祠。秦小峴觀察始創建之。落成後。阮芸臺先生書楹帖云。

欲共水仙薦秋菊。長留學士住西湖。註云。宋時杭人呼公爲學士。不稱姓。今

猶然。華秋槎瑞璜又集公詩爲聯云。泥上偶然留指爪。故鄉無此好湖山。先

生又摹公手書讀書樓三字爲額。楹聯叢話

黃庭堅 十六

宋。姓黃氏。名庭堅。字魯直。號涪翁。（涪音浮・水名・今曰涪江・）又號山谷道人。生於分寧縣。修水故居。（即今江西省修水縣・）幼警悟。七歲已能作詩。治平丙午。（年二十二）鄉舉膺首選。丁未（年二十三）春。赴禮部試。登進士第。除汝州葉縣尉。（葉縣故城・在今葉縣南三十里・）熙寧壬子。（年二十八）試中學官。除北京國子監教授。元豐庚申（年三十六）入京改官。授知太和縣。（故城・在今安徽省・太和縣北・）以平易爲治。哲宗元祐元年丙寅。（年四十二）召爲校書郎。除神宗實錄院檢討官。遷著作佐郎。實錄成。擢起居舍人。紹聖元年甲戌。（年五十）除知宣州。（即今安徽省宣城縣・）又除知鄂州。（即今湖北省武昌縣・）章惇蔡忭惡之。貶涪州別駕。黔州安置。元符元年戊寅。（年五十四）徙戎州。（涪州・即今涪陵縣・黔州・即今彭水縣・戎州・即今南溪縣・均屬四川省・）徽宗建中靖國元年辛巳。（年五十七）權知舒州。崇寧元年壬午。（年五十八）六月初九日。領太平州事。（舒州・即今潛山縣・太平州・即今當塗縣・均屬安徽省・）九日而罷。二年癸未。（年五十九）復謫宜州。（即今廣西省・宜山縣・）四年乙酉九月三十日甲子。卒於宜州。年六十一。著有山谷內外集。別集。簡尺。年譜。大觀三年己丑。蘇伯固蔣偉護其喪歸。葬於雙井祖塋之西。紹興元年辛亥。高宗中興。特贈公龍圖閣學士。加太師謚文節。

宋仁宗慶曆五年六月十二日辰時生生卒見年譜

宋崇寧四年九月三十日□時卒

乙酉	命	九歲 十九	壬午 辛巳
癸未	宮	二九 三九	庚辰 己卯
丙寅	辛	四九 五九	戊寅 丁丑
壬辰	巳	六九 七九	丙子 乙亥

黃文節公之造。日幹之丙屬火。日枝之寅藏丙。亦屬火。月枝之未藏丁。又屬火。合計之。火有三矣。一火曰火。二火曰炎。今命占三火。其爲火炎可知。經云。火炎需水濟。否則旱魃爲災。何足取哉。今月幹透癸水。時幹見壬水。時枝又

藏癸水。合計之。水亦有三矣。以此三水。濟彼三火。坎離調燮。萬物資生。是以人品高超。襟懷恬淡。觀公年甫七歲作牧童詩有云騎牛遠遠一作冉冉過前村。吹一作短笛風斜一作吹隔岸一作隴聞。多少長安名利客。機關用盡不如君。讀此可以見其浩浩陶陶之天性矣。惟細按之。日枝之寅。中藏甲木。年幹之乙。與月枝之未。時枝之辰。中各藏乙。又俱屬木。木多生火。木多洩水。固已火盛水衰。再益以命宮之巳。中藏丙火。助丙火日元之勢。更覺火炎水灼。名雖命占三水。仍有不敷濟火之弊。名雖萬物資生。其收穫數量。究不及雨暘時若之豐稔也。因此文章道德。雖冠絕當時。而挫折頻遭。竟飄蓬靡定。惜哉。總之。木火有餘之造。運歲如逢金水。補偏救弊。仍應雄飛。若再見木火。助紂爲虐。未有不大受影響者。觀公二十二歲鄉舉首選。二十三歲禮部登第。除汝州葉縣尉。吾因知其爲辛金化水之功。自二十四歲至三十九歲。忽除北京國子監教授。忽改官太和。或爲祕書檢討。得以從容應付者。皆庚爲純金。巳辰合金。

有以致之。四十至四十九歲。己運土能洩火。按部就班。尚可除集賢校理。卯運衝酉。李太夫人仙遊。豈無故哉。五十至六十歲。戊運寅運。化火生火。亢龍有悔。宵小爲殃。是以有涪黔戎宜之貶。公雖處之泰然。究不免形神憔瘁也。六十一歲丁運屬火。歲値乙酉。幹屬木枝刑酉。偶爾違和。竟致不起。能不歸咎於命乎。

附錄

贈趙言 元豐二年北京作

饒陽趙方士。眼如九秋鷹。學書不成不學劍。心術妙解通神明。嬲如俯身拾地芥。相如仰面觀天星。自言方術雜鬼恠。萬種一貫皆天成。大梁卜肆傾賓客。二十餘年聲籍籍。得錢滿屋不經營。散與世人還寄食。北門塵土滿衣襟。廣文直舍官槐陰。白雲勸酒終日醉。紅燭圍棋淸夜深。大車駟馬不回首。强項老翁來見尋。向人忠信去表襮。可喜政在無機心。輕談禍福邀重糈。所在多於竹葦林。翁言此輩無足聽。見葉知根論才性。飛騰九天沉九泉。自種自收皆在行。先期出語駭傳聞。事至十九中時病。輪囷離奇惜老大。成器本可千萬乘。自嘆輕霜白髮新。又去驚動都城人。都城達官老於事。嫌翁出言不嫵媚。有手莫炙權門火。有口莫辨荊山玉。吳宮火起燕焚巢。當時卞和斷兩足。千里辭家却入門。三春榮木會歸根。我有江南黃篾舫。與翁長入白鷗羣。

山谷全書外集

四休居士詩 幷序○崇寧二年道赴宜州作

太醫孫君昉。字景初。爲士大夫發藥。多不受謝。自號四休居士。山谷問其說。四休笑曰。麤茶淡飯飽卽休。補破遮寒暖卽休。三平二滿過卽休。不貪不妬老卽休。山谷曰。此安樂法也。夫少欲者。不伐之家也。知足者。極樂之國也。四休家有三畝園。花木鬱鬱。客來煮茗傳酒。談上都貴游人間可喜事。或茗寒酒冷。賓主皆忘。一本有倦字 其居與予相望。暇則步草徑相尋。故作小詩遺家僮歌之以侑酒茗。其詩曰。

富貴何時潤髑髏。髑音獨。髑髏。死人首也。守錢奴與拘官囚。太醫診得人間病。安樂延年萬事休。

無求不著看人面。有酒可以留人嬉。欲知四休安樂法。聽取山谷老人詩。

一病能惱安樂性。四病長作一生愁。借問四休何所好。不令一點上眉頭。山谷

子書正集

戒殺

我肉衆生肉。名殊體不殊。原同一種性。只是別形軀。苦惱從他受。肥甘爲我須。莫教閻老斷。自揣應何如。小學弦歌

龐安常傷寒論後序

龐安常自少時善醫方。爲人治病。處其生死多驗。名傾江淮諸醫。然爲氣任俠。鬬鷄走狗。蹴鞠擊毬。少年豪縱事。無所不爲。博弈音技。一工所難。而兼能

之。家富。多後房。不出戶而所欲得。人之以醫聘之也。皆多陳其所好。以順適其意。其來也病家如市。其疾已也。君脫然不受謝而去之。中年乃屏絕戲弄。閉戶讀書。自神農皇帝經方。扁鵲八十一難。靈樞。甲乙。葛洪所綜緝百家之言。無不貫穿。其簡策紛錯。黃素朽蠹。先師或失其讀。學術淺陋。私智穿鑿。曲士或竄其文。安常悉能辨論發揮。每用以視病。如是而生。如是而不治。幾乎十全矣。然人以病造。不擇貴賤貧富。便齋曲房。調護以寒暑之宜。珍膳美饘。時節其饑飽之度。愛其老而慈其幼。如痛在己也。未嘗輕用人之疾。嘗試其所不知之方。蓋其輕財如糞土而樂義。耐事如慈母而有常。似秦漢間游俠而不害人。似戰國四公子而不爭利。所以能動而得意。起人之疾。不可縷數。它日過之。未嘗有德色也。其所論著傷寒論。多得古人不言之意。其所師用。而得意於病家之陰陽虛實。今世所謂良醫。十不得其五也。余始欲撥其大要。論其精微。使士大夫稍知之。適有心腹之疾。未能卒業。然未嘗游其庭者。

雖得吾說而不解。誠加意讀書。書則過半矣。故特著其行事。以爲後序云。其前序海上道人諸爲之。故虛右以待。山谷全書正集

與滎州薛史君書

貴州士人。惟周彥。衣冠之領袖也。其人深中篤厚。雖中州不易得也。其兄莊叔。老於世事。亦不可得。紫衣僧祖元。亦周彥之族兄。抱琴種竹。有瀟洒之趣。以星歷推休咎。常得十之七八。試問之可知也。

答晦夫衡州使君書

望之去後。想令弟必將沂國入城。沂音宜。水名。源出山東蒙陰縣北。其人亦肯調伏成家否。諸子弟有從學之所否。人生須輟生事之半。養一佳士教弟子。爲十年之計。乃有可望。求得佳士。既資其衣食溫飽。又當尊敬之。久而不倦。乃可以盡君子之心。而享其功。每見士大夫家養門客。略與僕使同耳。如此。何緣得佳士。蓺麻必不能爲粟也。向見令嗣。眉目明秀。但患未得師友耳。厲之人夜半而生

子。求火甚急。唯恐其似己也。況長者乎。無緣會面。聊寄一笑。

與鄭彥能帖

病中聞苦下痢。甚憂甚憂。昨日見顏色。知向安矣。但少服攻擊之劑。調飲食之味。日可痊矣。赤石脂末二錢。細白麵二兩半。切三刀子。軟煑。調和羊清汁食之。胡給事云。虛勞人。不過兩服。卽成藏府矣。河魚丸用大芎二兩。神麯二兩。炒爲末。湯浸蒸餅。爲丸梧桐子大。每服二十丸。薑湯下。桃紅丸。赤石脂二兩。細研。炮裂乾薑末二錢。和勻。湯浸蒸餅。丸如梧桐子大。每服百粒。濃粥飲下。日三服可也。以上山谷全書別集

書贈日者柳彥輔

柳彥輔是耆卿之孫。決王公貴人生死禍福。嘗面道鄆州鄆音運・在今山東省・東平縣西北・劉相國蘄春之戚未已。蘄音其必且播遷嶺表。已而皆然。爲余言二三貴人事。在一歲間。亦難言哉。又許余官職云云。大體見於六十二。故書遺之。丙戌年。當

一笑也。崇寧元年閏六月甲戌。修水黃某書。山谷全書

珊按。讀此書。不禁嘆服柳先生之學術。且嘆服其辭令婉轉。有餘味也。蓋文節公病逝宜州之時。卽奉手詔頒赦。並敍復令吏部與監廟差遣。而公皆不及拜命。及至紹興元年。運入亥水。歲逢辛亥。高宗中興。特贈公直龍圖閣學士。加太師。謚曰文節。官子孫各一人。許余官職云云。至此悉驗。滴天髓云。造化生生不息機。貞元往復運誰知。有人識得其中數。貞下開元是處宜。劉文誠公註云。三元皆有貞元。如以八字論。則年爲元。月爲亨。日爲利。時爲貞。年月吉者。前半世吉。日時吉者。後半世吉。以大運論。初十五年爲元。次十五年爲亨。中十五年爲利。後十五年爲貞。元亨運吉者。前半世吉。利貞運吉者。後半世吉。至於人壽旣終之後。運之所行。果所喜者。則世世昌盛。此貞下起元之妙。生生不息之機。所以驗弈世之兆。而運數之一定不易者也。柳先生殆亦深明此旨乎。

又按甕牖閒評云。黃太史乙酉生。是時有柳彥輔者。乃耆卿之孫。善陰陽。能決人生死。謂太史向後災難。大抵見於六十以下。太史六十一。貶宜州以卒。則彥輔之言。信矣。觀於此。可見柳先生。不僅許太史之官職。即向後災難。亦曾經預言也。

趙正夫與黃魯直戲劇銜怨切骨

陸務觀云。趙正夫丞相。元祐中。與黃太史魯直。俱在館閣。魯直以其魯人。意嘗輕之。每庖吏來問食次。正夫必曰。來日喫蒸餅。一日聚飯行令。魯直云。欲五字從首至尾各一字。復合成一字。正夫沈吟久之。曰。禾女委鬼魏。魯直應聲曰。來力勑正整。叶正夫之音。闔坐大笑。正夫又嘗曰。鄉中最重潤筆。每一誌文成。則太平車中載以贈之。魯直曰。想俱是蘿蔔與瓜虀爾。正夫銜之切骨。其後排擠不遺餘力。卒致宜州之貶。一時戲劇。貽禍如此。可不戒哉。揮麈後錄

黃太史之名字出處

嬾眞子錄載黃太史名庭堅。字魯直。其義不可解。或曰慕季文子之逐莒僕。故字魯直。恐未必然也。庭堅乃八愷之名。本朝仁宗。重魯宗道之爲人。嘗書曰。魯直豈太史慕二公之堅直。字而名之。意或在是耶。甕牖閒評

黃文節公熟觀唐史藁

古語云。大匠不示人以璞。蓋恐人見其斧鑿痕迹也。黃魯直於相國寺。得宋子京唐史藁一册。歸而熟觀之。自是文章日進。此無他也。見其竄易句字。與初造意不同。而識其用意故也。曲洧舊聞

鎮江　袁樹珊著

張邦昌十七

宋。姓張氏。名邦昌。字子能。永靜軍。東光人也。（東光縣名。清屬直隸省。卽今河北省。）舉進士。累官大司成。以訓導失職。貶提舉崇福宮。知光汝二州。（光州。卽今潢川縣。汝州。卽今臨汝縣。均屬河南省。）政和末戊戌。（年三十八）由知洪州。（卽今江西省南昌縣。）改禮部侍郎。宣和元年己亥。（年三十九）除尚書右丞。轉左丞。遷中書侍郎。欽宗卽位。靖康元年丙午。（年四十六）拜少宰。金人犯汴京。（汴梁爲北宋之都。故稱汴京。今河南省開封縣治。）執二帝北去。册定邦昌爲楚帝。諸臣不附。乃迫迎元祐皇后。垂簾聽政。以俟復辟。高宗卽位。建炎元年丁未。貶邦昌於潭州。（卽今湖南省長沙縣治。）賜死。年四十七。

宋神宗元豐四年七月十六日亥時生（生卒見通會及名人生卒錄）

宋高宗建炎元年□月□日□時卒

辛酉	命	八歲 乙未	十八 甲午
丙申	宮	二八 癸巳	三八 壬辰
辛丑	丁	四八 辛卯	五八 庚寅
己亥	酉	六八 己丑	七八 戊子

宋史叛臣傳首載張邦昌。其序有云。宋失其政。金人乘之。俘其人民。遷其寶器。效遼故事。立其臣爲君。冠履易位。莫甚斯時。珊讀至此。不禁太息。謹按邦昌造辛酉年。丙申月。辛丑日。己亥時。日主之辛。與月幹之丙。想近相親。雙方聯合而又誕生申月。其爲化水得令。槪可想見。再益以年枝將星。時枝驛馬。其爲氣象堂皇。聲聞遐邇。更屬顯然。惜月帶亡神。時値孤虛。金玉其外。敗絮其中。更兼命宮丁酉。天幹之丁。暗中化木。盜洩日主之水。氣地枝之酉。遙犯自刑。危害年枝之將星。福兮禍伏。蜜內砒藏。端基於此。（此名眞化水格 惜帶惡煞。）三十七歲前。舉進士。知光汝二州等。宋史未載時年。以理測之。不外癸巳二運。蓋癸

能引戊。化火濟水。巳會酉丑。化金生水也。證以三十八歲仍行巳運。歲值戊戌。由知洪州而改禮部侍郎。更覺巳能化金。戊能化火。戌會酉申。爲西方一氣。均爲辛丙化水之喜神也。三十九歲大運莅壬。歲值己亥。雖遷中書侍郎。仍不免愈加困難。此無他。壬能化木。盜洩水氣也。四十六歲大運莅辰。歲值丙午。欽宗卽位。忽拜少宰。忽爲河北路割地使。忽黜爲觀文殿大學士中太一宮使。忽又罷割地議。（是年閏十一月。金人陷京師。粘沒喝。屯於青城。二帝來降。並其后妃宗室。自南青城俘之北去。青城有二。皆在河南開封縣治。一在南薰門外。謂之南青城。一在封丘門外。謂之北青城。）升沈靡定。此皆辰運午年。會生年之酉。生時之亥。有以致之也。四十七歲仍行辰運。歲值丁未。金人竟以邦昌治國事。邦昌始欲引決。或曰。相公不前死城外。今欲塗炭一城耶。適金人奉册寶至。邦昌北向受册。卽僞位。僭號大楚。擬都金陵。（今之南京）及至金人退師。兩帝北還。邦昌遂遣蔣師愈賫書康王。（賫音躋。齊韻。持以與人也。）自陳所以勉循金人推戴者。欲權宜一時。以紓國難也。敢有他乎。康王詗知所由。乃卽皇帝位。相李綱。徙邦昌太保。封同安郡王。綱上書極論邦昌久典機政。擢冠宰司。(擢・音濁・覺韻・引也・拔也・)國破而資之以爲利。君辱而攘之以爲榮。異姓建邦。四十餘日。逮金人之既退。方降赦以收恩。是宜肆諸市朝。以爲亂臣賊子之戒。高宗乃降御批曰。邦昌僭逆。理合誅夷。原其初心。出於迫脅。可特與免貸責授昭化軍節度使潭州安置。繼因李氏私事。詔數邦昌罪。賜死潭州。凡此種種。一言以蔽之。曰太歲丁未。與日主辛丑。天剋地衝故也。

附錄

邦昌卽僞位。僭號大楚。擬都金陵。遂升文德殿。設位御牀西受賀。遣閤門傳令勿拜。王時雍率百官遽拜。邦昌但東面拱立。邦昌又令百官稱予。手詔曰手書。獨時雍每言事邦昌前。輒稱臣啓陛下。邦昌斥之。邦昌以嗣位之初。宜推恩四方。以道阻。先赦京城。選郎官爲四方密諭使。

金人將退師。邦昌詣金營祖別。服柘袍。張紅蓋。所過設香案。起居悉如常儀。

時雍。秉哲。幵儔。（幵音堅。先韻。平也。又姓。）皆從行。士庶觀者。無不感愴。二帝北遷。邦昌率百官遙辭於南薰門。衆慟哭有仆絕者。金師既還。邦昌降手書。赦天下。呂好問謂邦昌曰。人情歸公者。劫於金人之威耳。金人既去。能復有今日乎。康王居外久。衆所歸心。曷不推戴之。又謂曰。爲今計者。當迎元祐皇后。請康王早正大位。庶獲保全。馬伸亦請奉迎康王。邦昌從之。王時雍曰。夫騎虎者勢不得下。所宜熟慮。他日噬臍。悔無及已。徐秉哲從旁贊之。邦昌弗聽。乃冊元祐皇后曰宋太后。入御延福宮。遣蔣師愈齎於康王。自陳所以勉循金人推戴者。欲權宜一時。以紓國難也。敢有他乎。王詢師愈等。具知所由。乃報書邦昌。邦昌尋遣謝克家。獻大宋受命寶。復降手書。請元祐皇后垂簾聽政。以俟復辟。書既下。中外大說。太后始御內東門小殿。垂簾聽政。邦昌以太宰退處內東門資善堂。尋遣使奉乘輿服御物至東京。既而邦昌亦至。伏地慟哭。請死。王撫慰之。王卽皇帝位。相李綱。從邦昌太保奉國軍節度使。封同安郡王。綱上書。極論邦昌既已僭逆。豈可留之朝廷。使道路目爲故天子哉。高宗御批。特與免貸責授昭化軍節度使潭州安置。

初邦昌僭居內庭。華國靖公夫李氏。數以果實奉邦昌。邦昌亦厚答之。一夕邦昌被酒。李氏擁之曰。大家事已至此。尚何言。因以赭色半臂加邦昌身。掖入福寧殿。夜飾養女陳氏以進。及邦昌還東府。李氏私送之。語斥乘輿。帝聞下李氏獄。詞服。（珊按。此與揮麈後錄所載稍異。）詔數邦昌罪。賜死潭州。李氏杖脊配車營務。時雍。秉哲。幵儔等。先已遠竄。至是並誅時雍。（以上宋史卷四百七十五）

金人立張邦昌僞詔

維天會五年。歲次丁未。二月辛酉朔。二十一日辛巳。皇帝若曰。先皇帝肇造區夏。務安元元。肆朕纂承。不敢荒怠。夙夜兢兢。思與方國。措于治平。粵惟有宋。炁乃通隣。貢歲幣以交歡。馳星軺而講好。斯於萬世。永保無窮。蓋我大造于宋也。（指斥不錄）今者國既乏主。民宜混同。然念厥功。誠非貪土。遂致帥府與衆推賢。僉曰太宰張邦昌。天毓疏通。神沓睿哲。在位著忠良之譽。居家聞孝友之名。實天命之有歸。乃人情之所徯。擇其賢者。非子其誰。是用遣使諸部署尙書左僕射權簽書樞密事韓昉。持節備儀。以璽綬册命爾爲皇帝。以授斯民。國號大楚。都于金陵。自黃河以外。除西夏。對新疆埸。仍世輔王室。永作藩臣。貢禮時修。汝勿疲于述職。聘問歲致。汝無緩於忱誠。於戲。天生蒸民。不能自治。故立君而臨之。君不能獨理。故樹官以教之。乃知民非后不治。非賢不守。其于有位。可不愼歟。予懋乃德。嘉乃丕休。日愼一日。雖休勿休。欽哉。其聽朕命。

張邦昌謝牘

天會五年三月日。大楚皇帝邦昌。謹致書于國相元帥。皇子元帥。今月初七日。依奉聖旨。特降樞臣。俯加封册。退省庸陋之資。何堪對揚之賜。尋因還使。附致感悰。願亟拜於光儀。庶少伸於謝禮。未聞台令。殊震危衷。遂遣從官。具敷誠懇。重蒙敦諭。仰戴眷存。然而掩目未前。撫躬無措。恐浸成於稽緩。實深積於兢惶。伏望恩慈。早容趍詣。俟取報示。徑伏軍門。拳拳之誠。併留面敘。不宣。謹白。

賜死張邦昌詔

建炎元年詔云。九月二十五日。三省同奉聖旨。張邦昌初聞以權宜攝國事。嘉其用心。寵以高位。雖知建號肆赦。度越常格。支儩賞賜錢。數百萬緡。猶以迫於金人之勢。其示外者。或不得已。比因鞫治他獄。始知在內中衣赭衣。履黃裀。宿福寧殿。使宮人侍寢。心迹如此。甚負國家。遂將盜有神器。雖欲容貸。懼祖宗在天之靈。尚加惻隱。不忍顯肆市朝。今遣奉議郎試殿中侍御史馬伸問狀。止令自裁。全其家屬。仍令潭州日給口劵。常切拘管。以上宋汝陰王明清揮麈後錄卷三

秦檜 十八

宋。姓秦氏。名檜。字會之。江蘇江寧縣人。故城·在今江蘇省·江寧縣西南·六十里·隋移於治城·即今首都市· 政和五年乙未。年二十六 登進士第。補密州教授。繼中詞學兼茂科。歷太學學正。靖康元年丙午。年三十七 金兵攻汴京。遣使求三鎮。檜上兵機四事。不報。未幾。除御史中丞。閏十一月。汴京失守。二帝幸金營。二年丁未。年三十八 金人取檜詣軍前。三月。金人立邦昌爲僞楚。邦昌遺金書。請還孫傅張叔夜及檜。不許。初。二帝北遷。檜與傅叔夜司馬朴。從至燕山。又徙韓州。即今遼寧昌圖縣·金徙宋徽欽二帝於此· 上皇聞康王卽位。作書貽黏罕。與約和議。俾檜潤色之。檜以厚賂達黏罕。會金主吳乞買以檜賜其弟撻懶爲任用。撻懶攻山陽。高宗建炎四年庚戌。年四十一 十月甲辰。檜與妻王氏及婢僕一家。自軍中取漣水軍水砦。砦音寨·藩落也·山居木柵爲砦· 航海歸。行在丙午。入見丁未。拜禮部尚書。賜以金帛。檜之歸也。自言殺金人監己者。奪舟而來。朝士多謂檜與傅朴同拘。而檜獨歸。又自燕至楚。踰河越海。豈無譏訶之者。安得殺盡而南。就令從軍撻懶。金人縱之。必質妻屬安得與王氏偕惟宰相范宗尹。同知樞密院李回。與檜善盡破羣疑。力薦其忠。未對前一日。帝命先見宰執。檜首言如欲天下無事南自南。北自北。及首奏所草卽與撻懶求和書。帝曰。檜朴忠過人。朕得之喜而不寐。蓋聞二帝母后消息。又得一佳士也。始朝廷雖數遣使。但且守且和。而專與金人解仇議和。實自檜始。蓋檜在金庭。首倡和議。故撻懶縱之使歸也。自紹興元年辛亥。年四十二至廿四年甲戌。年六十五官至左僕射。平章事。兼樞密事。封秦魏兩國公。故能力持和議。阻止恢復。殺岳飛。竄張浚趙鼎。一時忠臣良將。誅鋤略盡。和議遂成。檜爲相十九年。偶落職。尋復相。易執政廿八人。皆世無一譽。柔佞易制者。且性陰險。如崖阱深阻。察事之卒。布滿京城。晚年。殘忍尤甚。廿五年乙亥十月丙申卒。年六十六。贈申王。諡忠獻。寧宗時。追奪王爵。改諡繆醜。

宋哲宗元祐五年十二月廿五日午時生見通會

南宋高宗紹興二十五年十月廿二日□時卒見宋史

庚午	命	三歲 十三	庚寅 辛卯
己丑	宮	二三 三三	壬辰 癸巳
乙卯	乙	四三 五三	甲午 乙未
壬午	酉	六三 七三	丙申 丁酉

通會卷五載宋秦檜造庚午。己丑。乙卯。壬午。謂爲食神同窠。卷八又載此八字。僅註秦檜老賊四字。均未說明原理。曩讀子平大全卷之五載有五行俱足格。甲子年金。戊辰月木。丁巳日土。丁未時水。註云。此格不論官殺。只取五行俱全。古人論命·亦有不拘官殺之說者· 自有生生不絕之義。化化無窮之理。是亦罕有矣。珊嘗就其八字按之。只有金木土水四行。並無五行。遂以胎元己未納音火合之。五行乃足。珊論命不重胎元·而重命宮·蓋胎元之期·盈縮不一·命宮自有生以來·卽確定不移也· 今觀秦檜之造。庚午年

納音土。己丑月納音火。乙卯日納音水。壬午時納音木。胎元庚辰納音金。合之。亦爲五行俱足。大全謂爲罕有。誠哉言也。否則豈能登科拜相。煊赫一時耶。然其大名列入宋史姦臣傳中。其賦命亦必有特殊之處。珊不憚辭費。請詳言之。查得日元之乙。在正五行屬木。生屆暮冬。雪積枝殘。年幹再見庚金。不啻摧枯拉朽。其所以能文章。登高第者。賴有日枝卯木。値臨官爲詞館耳。其所以舉棋不定。倡和誤國。劫制君父。忘讎斁倫論者。斁音妒。敗壞也。丑値空亡。午値孤虛。而丑午相害。午午自刑也。其所以心勞力拙。謀殺忠良。竟博得列傳遺臭者。此又命宮乙酉。合庚化金。衝卯破祿之故。胎元湊合。五行俱足。竟至絕嗣。生生不絕。化化無窮。豈足恃哉。或曰。命誠如斯。運有說乎。曰。二十六藏壬運乙未。登政和五年第。補密州教授。繼中詞學。歷太學學正。三十七歲癸運丙午。金兵攻汴京。遣使求三鎭。檜上兵機四事。一言金人要請無厭。乞止許燕山一路。二言金人徂詐。守禦不可緩。三乞集百官詳議。擇其當者。載之誓書。四乞館金使於外。不可令入門。及引上殿。不報。除職方員外郎。閏十一月汴京失守。二帝幸金營。檜與王氏亦入金營。以上三則。乃檜生平得意之事。然亦水木火三行資助之效也。及至四十一歲庚戌。檜與妻王氏及婢僕一家。航海歸行在。旋拜禮部尙書。繼而除參知政事。拜右僕射平章兼樞密院事。思想頓變。禍伏於斯。四十九歲戊午。和議告成。檜代受國書。五十一歲庚申。金人敗盟。分四道入侵。岳飛克郾城。（清屬河南省許州。京漢鐵路經之。）幾獲兀朮。九月矯召岳飛還行在。五十二歲辛酉。兀朮再舉。檜封冀國公。朮又和許之。十月興岳飛之獄。十二月殺岳飛。凡此種種。皆已運會丑爲金午運會午自刑。及庚戌。辛亥。庚申。辛酉。太歲戕伐日元乙木之故也。五十四歲後。乙運化金。未運衝丑。忽而封公賜宅。忽而妻婦子孫加恩。（檜無子以妻姪王熺爲子）不過徒增罪惡而已。六十一歲庚午。檜趨朝殿司小校施全刺檜不中。磔於市。（磔音摘。陌韻。裂也。分裂肢體謂之磔。古刑法之慘酷者。）此又庚金尅木午遙刑午之明證。因在未運。是以幸免於死。六十六歲。一病喪身者。大運在丙。與年幹庚戰。太歲乙亥。小限庚辰會命宮乙酉。生時壬午。自刑備至。故無可逃避也。

附錄

秦會之陳議狀

靖康丙午眞戎亂華。次歲之春。京城不守。恣其號舞。妄有易置。時秦會之爲御史中丞。陳議狀云。檜切緣自父祖以來。七世事宋。身爲禁從。職當臺諫。荷國厚恩。甚媿無報。今大金重擁甲兵。臨已拔之城。操生殺之柄。威制官吏軍民等。必欲滅宋易姓。檜忘身盡死。以辯非理。非特忠其主也。欲明聖朝之利害爾。趙氏自祖宗以至嗣君。一百七十餘年。功德基業。比隆漢唐。實異兩晉。頃緣姦臣叛盟。結怨隣國。謀臣失計。誤主喪師。遂致生靈被禍。京都失守。嗣君皇帝。致躬出郊垌。求和於軍前。兩元帥並議。已布聞於中外矣。且空竭帑藏。居民之所積。追取鑾輿服御之所用。割兩河之地。共爲臣子。今乃變異前議。自敗斯盟。致二主銜怨。廟社將傾。爲臣之義。安得忍死而不論哉。自宋之於中國。號令一統。綿地數萬里。覆載之內。疆場爲大。子孫蕃衍。充牣四海。德澤在外。百姓安業。前古未有。興亡之命。雖在天有數。焉可以一城而決廢立哉。新室篡奪。東漢中興於白水。東漢絕於曹氏。劉備王蜀。唐爲朱溫竊取。李克用父子。猶推其世序而繼之。蓋繼志之德澤。在人者淺深。根基堅固。雖陵遲之甚。然四海英雄。必畏天之威。而不敢窺其位。古所謂基廣則難傾。根深則難拔之謂也。西晉武帝因宣景之權。以竊魏之神器。德澤在人者淺。加以惠帝昏亂。五王爭柄。自相殘戮。故劉淵石勒。以據中原。猶賴王導溫嶠輩。輔翼元皇。江左之任。踰於西京。石勒欺天罔上。交結外邦。以篡其主。晉於天下也。得之以契丹。少主失德。任用非人。而忘大恩。曾無德澤。下及黎庶。特以中國藩籬之地。以賂戎人。天下其何思之哉。此契丹所以能滅晉也。宋之有天下。九世宥德。比隆漢唐。實異兩晉。切觀今日計議之士。多前日大遼亡國之臣。畫策定計。所以必滅宋者。非忠於大金也。假滅大宋以報其怨爾。曾不知滅大遼者。大金大宋共爲之也。大宋既滅。大金得不防閑其人乎。頃者上皇誤聽姦臣李良嗣父兄之怨。滅契丹盟好之國。乃有今日之難。然則因人之怨。以滅人之國者。其禍不可勝言。繆爲計者。必又曰。滅宋之國。在絕兩河。懷舊之恩。除鄰國復仇之志而已。又曰。大金兵威。無敵天下。中國之民。可指揮而定。若大金果能滅宋。兩河懷舊之恩。亦不能忘。果不能滅宋。徒使宋人之宗屬賢德之士。倡義天下。竭國力以北向。則兩河之民。雖異日撫定之後。亦將去大金而歸宋矣。且天生南北之方域。志異也。晉爲契丹所滅。周世宗復定三關。是爲晉祚報恨。然則今日之滅趙氏。豈必趙氏然後復仇哉。雖中原英雄。亦將復報中國之恨矣。檜今竭肝膽。捐軀命。爲元帥言廢立之義。以明兩朝之利害。伏望元帥。不恤羣議。深思國計。以辯之於朝。若或有讒佞之言。以矜己功。能傷敵國之義。適貽患於異日矣。又況禍莫大於滅人之國。昔秦滅六國而六國滅之。符堅滅燕而燕滅之。頃童貫蔡攸貪土地以奉主。欲營私而忘國計。屯兵境上。欲滅大遼。以取燕雲之地。方是時也。契丹之使交馳接境。祈請於前。爲貫攸之計。宜僞許而從其請。乃欲邀功以兼人之地。遂貽患於主。而宗廟危。今雖焚屍戮族。又何益哉。今元帥威震中原。功高在昔。乃欲用離間之論。矜一已之功。其於國計。亦云失矣。貫攸之爲。可不鑒哉。自古兵之强者。固有不足恃。劉聰石勒。威足以制愍懷。而剗於李矩數千之衆。符堅以百萬之師。衂於淝水之孤旅。是兵强而不足恃也。大金自去歲問罪中國。入境征伐。已踰歲矣。然所攻必克者。無他。以大金久習兵革。中國承平百年。士卒弛練。將佐不得其人而然也。且英雄世不乏材。使士卒異日精練。若唐藩鎭之兵。將相得人。若唐肅代之臣。大金之於中國。能必其勝負哉。且世之興亡。必以有德代无德。以有道而易無道。然後皇天佑之。四海歸之。若張邦昌者。在上皇時。專事燕游。不務規諫。附會權倖之臣。共爲蠹國之政。今日社稷傾危。生民塗炭。雖非一人所致。亦邦昌之力也。天下之人。方疾之若仇讎。若付以土地。使主人民。四方英豪。必共起而誅之。非特不足以代宋。亦不足以爲大金之屏翰矣。大金必欲滅宋。而立邦昌者。則京師之民可服。而天下之民不可服。京師之宗子可滅。而天下之宗子不可滅。檜不顧斧鉞之誅。戮族之患。爲元帥言兩朝之利害。伏望元帥。稽考古今。深鑒斯言。復君之位。以安四方之民。非特大宋蒙福。實大金萬世之利。不勝皇恐懇告之至。第二狀云。檜已具狀申大元帥府。外有不盡之意。不敢自隱。今更忍死瀝血。上干台聽。伏念前主皇帝。違犯盟約。既已屈服。而今日存亡繼絕。惟在元帥。不然。則有監國皇太子。自前主恭命出郊以來。鎮撫居民。上下帖然。或許就立。以從民望。若不容檜等伸臣子之情。則望賜矜念趙氏祖宗。並無失德。內外親賢。皆可擇立。若必擇異姓。天下之人。必不服從。四方英雄。必致雲擾。生靈塗炭。卒未得甦。檜等自知此言。罪在不赦。然念有宋自祖宗以來。德澤在人。於今九世。天下之人。雖匹夫匹婦。未忍忘之。又況檜等世食君祿。方今主辱臣憂之時。上爲宗社。下爲生靈。苟有可言。不敢逃死。伏望台慈更賜矜察。無任哀懇痛切皇恐隕越之至。此書得之于丹陽蘇著廷藻云。頃爲秦之孫塤客。因傳其本。詞意忠厚。文亦甚奇。使會之誠有此。而無紹興再相。擅國罔上。專殺尚威。則謂非賢可乎。昔人有詩云。周公恐懼流言後。王莽謙恭未篡時。若使當時身便死。一生眞僞有誰知。揮麈第三錄卷二

王明清云。秦會之靖康末議狀全篇。此見表姪常保孫言。嘗聞之於游定夫之孫九言云。迺馬伸先覺之文也。初會之爲御史中丞。虜人議立張邦昌。以主中國。先覺爲監察御史。抗言於稠人廣坐中曰。吾曹職爲爭臣。豈可坐視緘默。不吐一詞。當共入議狀。乞存趙氏。會之不答。少焉屬藁。遂就呼臺史連名書之。會之既爲臺長。則當列於首。以呈會之。會之猶豫。先覺率同僚合辭力請。會之不得已。始肯書名。先覺遣人急馳以達虜酋。所以

秦氏所藏本。猶云檜等也。揮麈錄餘話卷二

王慶曾畏秦會之不爲顯仁償虜使金會之卒喜

紹興壬戌夏。顯仁皇后。自虜中南歸。詔遣參知政事王慶曾次翁。與后弟韋淵。迓于境上。時虜主亦遣其近臣與內侍。凡五輩。護后行。既次燕山。虜人憚於暑行。后察其意。慮有他變。稱疾。請于虜。少須秋涼進發。虜許之。因稱貸于虜之副使。得黃金三百星。且約至對境。倍息以還。后既得金。營辦佛事之餘。盡以犒從者。悉皆懽然。途中無間言。由此力也。既將抵境上。虜必欲先得所負。然後以后歸我。后遣人喻指于韋淵。淵詞曰。朝廷遣大臣在焉。可徵索之。遂詢于王。初王之行也。事之纖粟。悉受頤指于秦丞相。獨此偶出不料。虜人趣金甚急。王雖所賚甚厚。然心懼秦疑其私相結納。歸欲攘其位。必貽秦怒。堅執不肯償。相持界上者凡三日。九重初不知曲折。但與先報后渡淮之日既愆期。張俊爲樞密使。請備邊。憂慮百出。人情洶洶。謂虜已背盟中變矣。秦適以疾在告。朝廷遂爲備邊計。中外大恐。時王曉以江東轉運副使。爲奉迎提舉。一行事務從王。知事急。力爲王言之。不從。曉乃自裒其隨行所有。僅及其數以與之。虜人喜。后卽日南度。疑懼釋然。而王不預也。王歸白秦。以謂所以然者。以未始稟命。故不敢專。秦以王爲畏己。果大喜。已而后泣訴天上。王某大臣。不顧國家利害如此。萬一虜生他計。于數日間。則使我母子不相見矣。上震怒。欲暴其罪而誅之。初樓炤仲輝。自樞府以母憂去位。終制起。帥浙東。儲之欲命謝于虜廷。至是秦爲王營捄回護。謂宜遣柄臣往謝之。於是輟仲輝之行。以爲報謝使。以避上怒。逮歸。上怒稍霽。然終惡之。秦喻使辭位。遂以職名奉祠。已而引年。安居于四明。秦終憐之。餽問不絕。秦之擅國。凡居政府者。莫不以微過忤其指。例以罪行。獨王以此情好不替。王卒。特爲開陳。贈卹加厚。諸子與壻親戚族人。添差浙東者又數人。以便其私。議者謂秦居政府二十年間。終始不貳者。獨見王一人而已。揮麈後錄卷十一

秦會之使馮濟川探高宗意

紹興庚申秋。虜人敗約。復取河南故地。秦會之在相位。蹤迹頗危。時馮濟川檝爲貳卿。一日相見。告之云。金人背盟。我之去就。未可卜。如前此元老大臣。皆不足慮。獨君鄉袞。未測淵衷如何。公其爲我探之。翌日濟川求對。啓上云。金寇長驅犯淮。勢須興師。如張某者。當且以戎機付之。高宗正色曰。寧至覆國。不用此人。濟川亟以告秦。秦且喜且感。濟川云。適觀天意。檝必被逐。願乞瀘川。以爲晝繡。至晚批出。馮檝令與外任。遂以檝爲待制。帥瀘南。在任凡十二年。張文老云

榮茂世不受岳飛父子不軌之訴

榮茂世薿。爲湖北漕置司鄂州。有都統司統制官王俊。以其舊主帥岳飛父子不世狀。詣茂世陳首。茂云。我職掌漕計。他無所預。却之。俊遂從總領汪叔詹陳其事。汪卽日上聞。秦會之得之。藉以興羅織之獄。殺岳父子。知茂世不

受理。深怨之。而高宗於茂世有霸府之舊。秦屢加害而不從。秦死。榮竟登從班。汪訏岳之後。獄方竟而殂。豈非命歟。榮次新云

范擇善遷葬

范擇善同宣和中登第。得江西教官。自當塗奉雙親之官。其父至上饒而殂。寓于道旁之蕭寺中。進退彷徨。主僧憐之。云寺後山半。適有一穴。不若就葬之。不但免般挈之勞。而老僧平日留心風水。此地朝揖絕勝。誠爲吉壤。擇善從之。卽其地而殯之。其後擇善驟貴。登政府。乃謀歸祔于其祖兆。請朝假以往。改卜時。老僧尙在。力勸不從。才從之後。擇善以飛語得罪于秦會之。未還闕。言者希指攻之。云同以遷葬爲名。謁告于外。搔擾州縣。遷謫而死。趙宣明云

秦會之謂道弼莫胡思亂量

魏道弼良臣與秦會之有鄉曲共學之舊。秦旣得志。引登禁路。道弼恃其久要。一日啓于秦曰。某昨夕不寐。偶思量得一事。非晚郊祀。如遷客之久在遐

方者。可因赦內徙。以召和氣。秦曰。足下今作何官。道弼云。備員吏部侍郎。秦復曰。且管了銓曹職事。不須胡思亂量。翌日降旨。魏良臣與郡出守池州。已而罷去。世言秦有度量。恐未必然也。

秦會之答季漢老啓

季漢老與秦會之賀進維垣啓云。推赤心於腹中。君既同於光武。有大勳於天下。相自比於姫公。秦答之云。君既同於光武。仰歸美報上之誠。相自比于姫公。其敢犯貪天之戒。漢老得之。皇恐累月。以上揮麈後錄卷十一

鐵像楹聯

西湖岳墳前。有鐵鑄秦檜夫婦及万俟卨張俊四像。鐫姓名於胸次。跪於門外。有松江徐氏女題楹柱云。青山有幸埋忠骨。白鐵無辜鑄佞臣。聞丹陽陳少陽墓。亦鑄鐵人。肖汪伯彥黃潛善。嘉靖間。南安鄭普過之。題楹柱云。丹陛披肝。千古綱常可託。荒庭屈膝。兩人富貴何爲。二像應筆而仆。楹聯叢話

岳　飛十九

宋。姓岳氏。名飛。字鵬舉。河南湯陰縣人。世力農。父和。能節食以濟飢者。不責償。飛生時。有大禽若鵠。飛鳴室上。因以爲名。未彌月。河決。內黃水暴至。母姚。抱飛坐甕中。衝濤及岸得免。人異之。少負氣節。沈厚寡言。家貧力學。尤好左氏春秋孫吳兵法。生有神力。未冠。挽弓三百斤。弩八石。學射于周同。盡其術。能左右射。同死。朔望設祭于其家。父義之曰。汝爲時用。其殉國死義乎。宣和辛丑。（年二十）飛以敢戰士應募。爲十隊長。補承信郎。靖康丙午。（年二十四）補進義副尉。隸留守宗澤。紹興辛亥。（年二十九）張浚。請飛同討李成。飛請爲先鋒。大破成軍。江淮平。累授武安軍承宣使。高宗親書精忠岳飛四字。製旗以賜之。歷授少保。河南北路招討使。討平羣寇。屢破金兵。既敗兀朮於郾城。遂進兵朱仙鎭。（在河南省。開封縣西南四十五里。）欲指日渡河。時秦檜力主和議。欲盡棄淮北地以與金。一日降十二金牌。召飛還。既至。授樞密副使。檜復諷万俟卨（字典卜部·與卨同·讀竊·）劾飛。遣使捕飛父子。坐繫兩月。獄不成。檜手書小紙付獄。遂報飛死。年三十九。乃紹興十一年辛酉十二月癸巳日。家屬盡流嶺外。朝野寃之。孝宗時詔復飛官。謚武穆。後改謚忠武。嘉定中追封鄂王。有岳武穆集。

宋徽宗崇寧二年二月十五日巳時生（生卒見年譜）

南宋高宗紹興十一年十二月二十九日□時卒

癸未	命	八歲 十八	甲寅 癸丑
乙卯	宮	二八 三八	壬子 辛亥
甲子	庚	四八 五八	庚戌 己酉
己巳	申	六八 七八	戊申 丁未

元理賦云。不從不化。淹留仕路之人。得從得化。顯達名場之客。謹按岳鄂王造。日幹之甲。與時幹之己。陰陽聯合。同化爲土。此爲得化。非不化也。日枝之

子藏癸。時枝之巳藏戊。暗中聯合。又復化火。爲甲己化土之生氣。雖誕生春分節後。黃帝並未司權。卽此日時旺氣格局。亦遠勝尋常。況日元甲子。乃是進神。生屆仲春。又値月德。巫咸經云。進神執權。至精至當。良有以也。不寧惟是。益以命宮庚申。又格成四柱互貴。蓋年枝之未。爲甲庚之貴。月時卯巳。爲癸年之貴。日枝之子。爲乙己之貴。前引後從。左右逢源。（此名進神化土格・又名四柱互貴格・）卽不言文昌會刃。亦當運用一心。決勝千里。善夫宋史列傳論曰。西漢而下。若韓彭絳灌之爲將。代不乏人。求其文武全器。仁智並施。如宋岳飛者。一代豈多見哉。觀其尙未彌月。黃水暴至。母氏抱坐甕中。任其飄泊。竟乃獲免。具見歲値癸未。幹能化火。枝値貴人。爲甲己化土格之植根也。自十九歲癸運。從周同學射。二十歲從軍。爲十隊長。迄至三十八歲子運。授開府儀同三司。復加少保兼河南府路招討使。疏請建儲。勝朱仙。克郾城。大破宗弼。幾獲兀朮。軍聲大振。中外響應。及詔王班師。一日奉金牌十二。此固王之文武全器。仁智並施。亦癸丑壬子四運。裨益化土。有以致之也。三十九歲忽行辛運。歲值辛酉。與生月乙卯。幹剋枝衝。陽刃飛刃。互相攻擊。固非吉兆。再逢辛丑月。癸巳日。三合爲金。盜洩甲己化土之元氣。故不免爲秦檜所害。然純忠偉烈。碧血丹心。照耀千古。彼以莫須有三字謀殺人者。今何如哉。

珊按王二十歲癸運。歲值壬寅。小限辛丑。父隋國公薨。三十四歲子運。歲値丙辰。小限丁亥。母姚太夫人薨。此非癸運子運之弊。乃歲限適逢衝破之故也。

附錄

駐兵新淦題伏魔寺壁（寺舊在江邊。今移建山中改名新修。石刻現存。）

膽氣堂堂貫斗牛。誓將直節報君仇。斬除元惡還車駕。不問登壇萬戶侯。（·膽一本作正。·直一本作眞。）

送紫巖張先生北伐（王手書。摹刻湯陰廟中。）

號令風霆迅。先聲動北陬。長驅渡河洛。直搗向燕幽。馬蹀閼氏血。蹀：音牒。集韻：重足履地也。閼：於蓮切。音煙。閼氏：匈奴王后號。旗梟可汗頭。歸來報明主。恢復舊神州。

奏乞出師疏

臣自國家變故以來。起於白屋。從陛下於戎伍。實有致身報國復讎雪恥之心。幸憑社稷威靈。前後粗立薄效。陛下錄臣微勞。擢自布衣。曾未十年。官至太尉。品秩比三公。恩數視二府。又增重使名。宣撫諸路。臣一介賤微。寵榮超躐。有踰涯分。今者又蒙益臣軍馬。使濟恢圖。臣實何能。誤荷神聖之知如此。敢不晝度夜思。以圖報稱。臣竊揣敵情。所以立劉豫於河南。而付之齊秦之地。蓋欲荼毒中原。以中國而攻中國。黏罕因得休兵養馬。觀釁乘隙。包藏不淺。臣謂不以此時稟陛下睿算妙略。以伐其謀。使劉豫父子隔絕。五路叛將還歸。兩河故地漸復。則金人之詭計日生。浸益難圖。然臣愚欲望陛下假臣日月。勿拘其淹速。使敵莫測臣之舉措。萬一復便可入。則提兵直趨京洛。據河陽陝府潼關。以號召五路之叛將。叛將既還。王師前進。彼必捨汴都而走。河北。京畿。陝右。可以盡復。至於京東諸郡。陛下付之韓世忠張俊。亦可便下。臣然後分兵濬滑。經略兩河。如此則劉豫父子。斷必成擒。大遼有可立之形。金人有破滅之理。爲陛下社稷長久無窮之計。實在此舉。假令汝潁陳蔡。堅壁清野。商於虢洛。分屯要害。進或無糧可因。攻或難於餽運。臣須斂兵還保上流。賊必追襲而南。臣俟其來。當率諸將。或挫其銳。或待其疲。賊利速戰。不得所欲。勢必復還。臣當設伏。邀其歸路。小入則小勝。大入則大勝。然後徐圖再舉。設若賊見上流進兵。併力於侵淮上。或分兵犯四川。臣即長驅擣其巢穴。賊困於奔命。勢窮力殫。縱今年未終平殄。來歲必得所欲。陛下還歸舊京。或進都襄陽。關中。唯陛下所擇也。臣聞興師十萬。日費千金。內外騷動。七十萬家。此豈細事。然古者命將出師。民不再役。糧不再籍。蓋慮周而用足也。今臣部曲。遠在上流。去朝廷數千里。平時每有糧食不足之憂。是以去秋臣兵深入陝洛。而在寨卒伍。有饑餓而死者。故亟還。前功不遂。致使戰地陷僞。忠義之人。旋被屠殺。皆臣之罪。今日唯賴陛下。戒勅有司。廣爲儲備。俾臣得一意靜慮。不以兵食亂其方寸。則謀定計審。方能濟此大事。異時迎還太上皇帝。甯德皇后梓宮。幸邀天眷。以歸故國。使宗廟咸安。萬姓同歡。陛下高枕無北顧之憂。臣之志願畢矣。然後乞身歸田里。此臣夙夜所自許者。臣不勝拳拳孤忠昧死一言。

謝講和赦表

臣岳飛上表言。今月十二日。准進奏院遞到赦書一通。臣已卽恭率統制統領將佐官屬等。望闕宣讀訖。觀時制變。仰聖哲之宏規。善勝不爭。實帝王之妙算。念此艱難之久。姑從和好之宜。睿澤誕敷。輿情胥悅。臣飛誠歡誠忭。頓首頓首。竊以婁敬獻言於漢帝。魏絳發策於晉公。皆盟墨未乾。顧口血猶在。俄驅南牧之馬。旋興北伐之師。蓋夷虜不情。而犬羊無信。莫守金石之約。難充谿壑之求。圖暫安而解倒垂。猶之可也。顧長慮而尊中國。豈其然乎。恭惟皇帝陛下大德有容。神武兼備。體乾之健。行巽之權。務和衆以安民。迺講信而修睦。已漸還於境土。想喜見於威儀。臣幸遇明時。獲觀盛事。身居將閫。功無補於涓涘。口誦詔書。面有慚於軍旅。尙作聰明而過慮。徒懷猶豫而致疑。謂無事而請和者謀。恐卑辭而益幣者進。臣願定謀於全勝。期收地於兩河。唾手燕雲。終欲復讎而報國。誓心天地。當令稽顙以稱藩。臣無任瞻天望聖。激切屏營之至。謹奉表稱賀以聞。臣誠歡誠忭。頓首頓首。謹言。

奏乞罷和議疏略

夷狄不可信。和好不可恃。相臣謀國。不臧。恐貽後世譏。

奏乞止班師疏略

契勘金人重兵。盡聚東京。屢經敗衄。女六切。音忸。挫也。血鼻出血也。俗作衂。銳氣沮喪。內外震駭。聞之諜者。敵欲棄其輜重。疾走渡河。況今豪傑嚮風。士卒用命。天時人事。

強弱已見。功及垂成。時不再來。機難輕失。臣日夜料之熟矣。惟陛下圖之。以上岳鄂王文集。

岳王尊賢禮士

家傳云。王尊賢禮士。食客所至常滿。一時名人傑士多歸之。每出則戎服弁首。治理軍務。入則褒衣緩帶。討論經史。恂恂若書生。雅歌投壺。俱極精致。參政席益。嘗賀其幕中得名士。每軍行駐處。士人爭獻詩文。或陳利害。王並採納而厚禮之。受其矜全者甚衆。每與儒生商搉古今。夜分乃罷。篤愛善類。培植士類每如此。

岳王家無姬侍

史傳云。吳玠素服王。願與交驩。飾名姝遺之。王曰。主上宵旰。豈大將安樂時耶。卻不受。玠益敬服。

岳王名言

各傳云。或問天下何時太平。王曰。文臣不愛錢。武臣不惜死。天下太平矣。每辭官必曰將士效力某何功之有。然忠憤激烈。議論持正。不挫於人。當路權要不肯強顏阿附。卒以此賈禍。以上岳鄂王年譜

岳武穆軍律

宋史岳飛傳云。少豪飲。帝戒之曰。卿異時到河朔乃可飲。遂絕不飲。卒有取民麻一縷以束芻者。立斬以徇。卒夜宿。民開門願納。無敢入者。軍號凍死不拆屋。餓死不擄掠。檢章穎岳飛傳亦有之。然云建炎四年。飛屯宜興。夜飲士卒。以酒激厲而用之。至承州大捷。又云尊酒必均及其下。酒少則投之以水。人各一啜焉。又楊再興傳有云。紹興二年。岳飛入莫邪關。第五將韓順夫解鞍脫甲。以所擄婦人佐酒。再興率衆入其營。殺順夫。又殺飛弟翻。然則岳武穆軍律之嚴整。在紹興二年以後。初蓋以運用一心。而不喜言兵法。不可以事證不同。致疑古名臣也。癸巳類稿

岳侯與王樞密葬地一同

紹興庚申歲明清侍親居山陰。方總角。有學者張堯叟唐老。自九江來從先人。適聞岳侯父子伏誅。堯叟云。僕去歲在羌廬。正覩岳侯葬母。儀衞甚盛。觀者塡塞。山間如市。解后一僧爲僕言。岳葬地雖佳。但與王樞密之先塋。坐向既同。龍虎無異。掩壙之後。子孫須有非命者。然經數十年。再當昌盛。其識之。今迺果然。未知他日如何耳。王樞密迺襄敏。本江州人。葬其母於鄉里。有十子。輔道既罹橫逆。而有名字者。爲開封幕。過橋墮馬死。名端者待漏禁門。簷瓴冰柱折墜。穿項而沒。後數十年。輔道之子。炎弼彥融以勳德之裔。朝廷錄用以官。把麾持節。升直內閣。炎弼二子。萬全萬樞。今皆正郎。而諸位登進士第者接踵。岳非辜之後。凡三十年。滿洗寃誣。諸子若孫。驟從縲紲。進躐清華。昔日之言。猶在耳也。揮麈第三錄

岳廟

宋岳武穆王祠天下有五。在鄂者乃王開國之地。在杭者王墓之地。在湯陰者父母之鄉。贛者立功之地。朱仙鎮者。功之極而憤之所不能忘。皆著祀典。報王亦宜。今其錄。乃吾友汪仲蘇子卿所編。心亦勞矣。七修類稿

岳王廟聯

彭文勤公聯云。舊事總驚心。階前檜賊。感時應濺淚。廟側花神。是題西湖之岳廟。吳雲樵侍郎芳培聯云。千秋寃獄莫須有。百戰忠魂歸去來。是題湯陰之岳廟。對語各切其地。不可移易。

岳王祠聯云。百戰妙一心運用。兩言決千古太平。又云。子孝臣忠。決戰早成三字獄。君猜相忌。偏安還賴十年功。又錢伯瑜中丞聯云。萬里壞長城。歎息北征將士。中原揞半壁。傷心南渡君臣。又王之裔孫鎮南。爲浙江運使時。修葺祠宇。題聯云。天章褒臣節。想當年竭力致身。忠孝兼全。萬古精誠光日月。祖訓愆家傳。願弈葉承先啓後。烝嘗勿替。千秋俎豆炳湖山。皆警策。以上楹聯叢話

朱　熹 二十

南宋。姓朱氏。名熹。字元晦。一字仲晦。徽州婺源縣人。（故城在今安徽省・婺源縣北・二十五里・即清化鎮・後移治紘高・即今城縣也・）世居縣之永平鄉松巖里。父松為政和縣尉。（政和縣・屬福建省・）因僑寓建州。（即今福建省・建甌縣・）紹興十七年丁卯。（年十八）舉建州鄉貢。十八年戊辰。（年十九）登進士第一。歷高孝光寧四朝。累官轉運副使。煥章閣待制。祕閣修撰。兼侍講。賜封婺源縣開國男。慶元二年丙辰。（年六十七）沈繼祖為監察御史。誣熹十罪。詔落職罷祠。門人蔡元定亦送道州編管。（即今湖南省・道縣・）四年戊午。（年六十九）熹以年近七十。申乞致仕。五年己未。依所請。六年庚申三月甲子日午時卒。年七十一。葬於建陽縣。（屬福建省・）唐石里之大林谷。贈寶謨閣學士。謚曰文。紹定時追封徽國公。淳祐時從祀孔廟。清康熙中升位於十哲之次。故稱朱子。或稱朱文公。始居崇安。（縣名・屬福建省・）牓廳事曰紫陽書堂。故稱紫陽。又創草堂於建陽之雲谷。牓曰晦庵。自稱雲谷老人。亦曰晦翁。晚卜築於建陽之壽亭。作滄州精舍。自號滄州病叟。又更號遯翁。考亭爲講學之所。故人稱考亭學派。其論治以正君恤民爲宗。爲學則以居敬窮理爲主。宋之理學。至熹而集其大成矣。所著書有易本義啓蒙。著卦考誤。詩集傳。大學中庸章句或問。論語孟子集註。太極圖通書西銘解。楚辭集註辨證。韓文考異。文集等。所編次有論孟集議。孟子指要。中庸輯略。孝經刊誤。小學書。通鑑綱目。宋名臣言行錄。家禮。近思錄。河南程氏遺書。伊洛淵源錄。共數百卷。皆行於世。

南宋高宗建炎四年九月十五日午時生（生卒見年譜）

南宋寧宗慶元六年三月初九日午時卒

庚戌	命	四歲 十四	丁亥 戊子
丙戌	宮	二四 三四	己丑 庚寅
甲寅	戊	四四 五四	辛卯 壬辰

庚午　子　六四 癸巳　七四 甲午

朱文公造。日元之甲。在五行屬木。生居寒露節後。白帝猶司權。與三春之青帝司權迥異。年時二幹。交拱庚金。年月二枝。戌藏辛金。此皆戕賊甲木之神。萬不能取用。只有月幹丙火。及年月日時戌戌寅午之火局。與日元甲木。有母子相生之關係。堪爲我之護符。不過火占多數。木占少數。必須辭尊居卑。捨木從火。始可木火齊輝。文明昭著。尤妙者四柱之中。幹無壬癸。枝無亥子。格局清高。毫無瑕疵。或謂命宮之子中藏癸水。奈何。曰子藏之癸。非惟無損。且可獲益。蓋子上乘戊。戊合癸化火。與戌寅午之火局。同明相照。同氣相求。聲價彌增也。此名木火通明格，又名從兒格。以故樂孔志伊。省身味道。登第五十年。仕於外者僅九考。立朝亦不過四十日而已。卒能竭其精力。闡明聖學。此豈尋常公侯將相所能企及者哉。十四歲亥運癸亥。小限乙亥。韋齋公棄養。四十歲寅運己丑。小限己酉。祝太夫人又棄養。四十七歲辛運丙申。小限壬寅。劉夫人逝世六十二歲辰運辛亥。小限丁亥。長子塾亦卒。六十七歲癸運丙辰。小限壬午。罷職歸里。凡此種種。足證木火齊輝格。最忌金水傷之也。至於十八歲戊運丁卯。舉建州鄉貢。十九歲戊運戊辰。登進士第。以及除武學博士待次樞密院編修。祕閣修撰。煥章閣待制。其運歲限三者。大都非木卽火。非火卽土。與木火齊輝格。皆同類也。最明顯者。公壽享七旬有一。適在巳運。庚申年庚辰月。甲子日庚午時。恬然而逝。具見日元一甲不勝三庚之剋。寅午戌之火。不勝申子辰之水衝也。然而紹道統。立人極。爲萬世宗師。木火齊輝。豈有旣極耶。

附錄

德興縣葉愷家題

葱湯麥飯兩相宜。葱暖丹田麥療饑。莫道儒家風味薄。隔鄰猶有斷炊時。小學弦歌

贈徐端叔命序

世以人生年月日時所値。支榦納音。推知其人吉凶壽夭窮達者。其術雖若淺近。然學之者。亦往往不能造其精微。蓋天地所以生物之機。不越乎陰陽五行而已。其屈伸消息。錯綜變化。固已不可勝窮。而物之所賦。賢愚貴賤之不同。特昏明厚薄毫釐之差耳。而可易知其說哉。徐君嘗爲儒。則嘗知是說矣。其用志之密微。而言之多中也固宜。世之君子。儻一過而問焉。豈惟足以信徐君之術。而振業之。亦足以知夫得於有生之初者。其賦與分量。固已如是。富貴榮顯。固非貪慕所得致。而貧賤禍患。固非巧力所可辭也。直道而行。致命遂志。一變末俗。以復古人忠厚廉恥之餘風。則或徐君之助也。雖然。與人子言依於孝。與人臣言依於忠。夭壽固不貳矣。必修身以俟之。乃可以立命。徐君其亦謹其所以言者哉。紹興壬午十月九日。新安仲晦朱熹書。

書近思錄後

淳熙乙未之夏。東萊呂伯恭。來自東陽。過予寒泉精舍。留止旬日。相與讀周子。程子。張子之書。歎其廣大閎博。若無津涯。而懼夫初學者。不知所入也。因是掇取其關於大體。而切於日用者。以爲此編。總六百一十二條。分十四卷。蓋凡學者所以求端用力處己治人之要。與夫辨異端。觀聖賢之大略。皆麤見其梗概。以爲窮鄉晚進。有志於學。而無明師良友。以先後之者。得此說而玩心焉。亦足以得其門而入矣。如此。然後求諸四君子之全書。沈潛反復。優柔饜飫。以致其博。而反諸約焉。則其宗廟之美。百官之富。庶乎其有以盡得之。若憚煩勞安簡便。以爲取足於此而可。則非今日所以纂集此書之意也。

題小學

古者小學。敎人以灑掃應對進退之節。愛親敬長。隆師親友之道。皆所以爲修身齊家。治國平天下之本。而必使其講而習之。於幼穉之時。欲其習與知長。化與心成。而無扞格不勝之患也。今其全書雖不可見。而雜出於傳記者亦多讟。者往往直以古今異宜。而莫之行。殊不知其無古今之異者。固未始不可行也。今頗蒐輯以爲此書。受之童蒙。資其講習。庶幾有補於風化之萬一云爾。

跋通鑑紀事本末

古史之體可見者。春秋而已。春秋編年通紀。以見事之先後。書則每事別記。以具事之首尾。意者當時史官。旣以編年紀事。至於事之大者。則又採合而別記之。若二典所記。上下百有餘年。而武成。金縢。諸篇。其所記載。或更數月。或歷數年。其閒豈無異事。蓋必已具於編年之史。而今不復見矣。故左氏於春秋。旣依經以作傳。復爲國語二十餘篇。國別事殊。或越數十年而遂其事。蓋亦近書體以相錯綜云爾。然自漢以來爲史者。一用太史公紀傳之法。此意因不復講。至司馬溫公受詔纂述資治通鑑。然後千三百六十二年之事。編年繫日。如指諸掌。雖託始於年三晉之侯。而追本其原。起於智伯。上系左氏之卒章。實相授受。偉哉書乎。自漢以來。未始有也。然一事之首尾。或散出於數十百年之閒。不相綴屬。讀者病之。今建安袁君機仲。乃以暇日。作爲此書。以便學者。其部居門目。始終離合之閒。又皆曲有微意。於以錯綜溫公之書。其亦國語之流矣。或乃病其於古無初。而區別之外。無發明者。顧第弗深考耳。機仲以摹本見寄。熹始得而讀之。爲之撫卷太息。因記其後如此。以曉觀者。淳熙二年秋七月甲寅。新安朱熹書於雲谷之晦庵云。

康節先生像贊

天挺人豪。英邁蓋世。駕風鞭霆。歷覽無際。手探月窟。足躡天根。閒中今古。靜裏乾坤。

書畫像自警

從容乎禮法之場。沈潛乎仁義之府。是予蓋將有意焉。而力莫能與也。佩先師之格言。奉前烈之餘矩。惟闇然而自修。或庶幾乎斯語。以上朱子文集

朱子論陰陽五行

問自開闢以來。至今未萬年。不知已前如何。曰。已前亦須如此一番明白來。又問天地會壞否。曰。不會壞。只是相將人無道極了。便一齊打合混沌一番。人物都盡。又重新起。問生第一箇人時如何。曰。以氣化二五之精合而成形。釋家謂之化生。如今物之化生甚多。如蝨然。揚

數只是算氣之節候。大率只是一箇氣。陰陽播而爲五行。五行中各有陰陽。甲乙木。丙丁火。春屬木。夏屬火。年月日時。無有非五行之氣。甲乙丙丁。又屬陰屬陽。只是二五之氣。人之生適遇其氣。有得淸者。有得濁者。貴賤壽夭皆然。故有參錯不齊如此。聖賢在上。則其氣中和。不然。則其氣偏行。故有得其氣淸。聰明而無福祿者。亦有得其氣濁。有福祿而無知者。皆其氣數使然。堯舜。禹。皋。文武。周召。得其正。孔孟。夷齊。得其偏者也。至如極亂之後。五代之時。又却生許多聖賢。如祖宗諸臣者。是極而復者也。如大睡一覺。及醒時卻有

精神。

陰陽是氣。五行是質。珊按五行中金木土質中有氣・水火氣中有質・有這質。所以做得物事出來。五行雖是質。他又有五行之氣。做這物事方得。然卻是陰陽二氣。截做這五個。不是陰陽外別有五行。如十幹甲乙。甲便是陽。乙便是陰。高 五行相爲陰陽。又各自爲陰陽。端蒙

氣之精英者爲神。金木水火土非神。所以爲金木水火土者爲神。在人則爲理。所以爲仁義禮智信者是也。植

金木水火土。雖曰五行各一其性。然一物又各具五行之理。不可不知。康節卻細推出來。僴 木火淸。金木濁。土又濁。可學

論陰陽五行。曰。康節說得法密。橫渠說得理透。邵伯溫載伊川言曰。向惟見周茂叔語及此。然不及先生之有條理也。方子

陰以陽爲質。陽以陰爲質。水內明而外暗。火內暗而外明。橫渠曰。陰陽之精。

互藏其宅。正此意也。道夫○以上朱子語類輯略

朱子論命

問天命謂性之命。與死生有命之命不同。何也。曰。死生有命之命。是帶氣言之。氣候有稟得多少厚薄之不同。天命謂性之命。是純乎理言之。然天之所命。畢竟皆不離乎氣。但中庸此句。乃是以理言之。孟子謂性也有命焉。此性是兼氣稟食色言之。命也有性焉。此命是帶氣言之。性善。又是超出氣說。淳

問子罕言命。若仁義禮智五常。皆是天所命。如貴賤死生壽夭之命有不同。如何。曰。都是天所命。稟得精英之氣。便爲聖爲賢。便是得理之全。得理之正。稟得淸明者。便英爽。稟得敦厚者。便溫和。稟得淸高者。便貴。稟得豐厚者。便富。稟得久長者。便壽。稟得衰頹薄濁者。便爲愚不肖。爲貧。爲賤。爲夭。天有那氣。生一個出來。便有許多物隨他來。又曰。天之所命。固是均一。到氣稟處。便有不齊。看其稟得來如何。寓

問顏淵不幸短命。伯牛死。曰命矣夫。孔子得之不得曰有命。如此之命。與天命謂性之命。無分別否。曰命之正者出於理。命之變者出於氣質。要之。皆天所付予。孟子曰。莫之致而至者。命也。但當自盡其道。則所値之命。皆正命也。木之。以上朱子語類輯略

朱子楹聯

朱子於紹熙五年。築滄洲精舍。時年六十有五矣。自書一聯云。佩韋遵考訓。晦木謹師傳。謹按朱子之父韋齋先生。嘗自謂卞急害道。因取古人佩韋之義爲號。又朱子受業於劉屏山先生。先生有字朱元晦祝詞云。交朋尙焉。請祝以字。字以元晦。表名之義。木晦於根。春榮華敷。人晦於身。精明內腴。此朱子聯語所由出也。滄洲精舍。卽竹林精舍。據年譜。時爲韓侂胄中傷。以內批罷歸。除江陵府不拜。又乞追還新舊職名。則已無意出山。又懲於趙汝愚之貶。及羣小之攻僞學。故有感而爲佩韋晦木之思焉。

滄洲精舍中。尙有兩聯。一云。道迷前聖統。朋誤遠方來。一云。愛君希道泰。憂國願年豐。又朱子全集卷後。所附聯語尙多。謹摘錄如左。以見南宋時楹帖盛行。雖大賢亦復措意於此矣。贈人聯云。水雲長日神仙府。禾黍豐年富貴家。又廣信南巖寺朱子讀書處聯云。一竅有泉通地脈。四時無雨滴天漿。又建寧府學明倫堂聯云。師師庶僚居安宅而立正位。濟濟多士由義路而入禮門。世有刻爲木榜。懸諸堂楹人所習見者。如讀聖賢書。行仁義事。存忠孝心。立修齊志。日月兩輪天地眼。詩書萬卷聖賢心。此類尙多。安得有心人。爲之一一搜輯乎。

朱文公祠聯

朱子生於延平之尤溪。故小字沋郎。沋水名。卽尤溪縣。亦因此得名也。後人皆誤以朱子字沈郎耳。其地有公山文山。朱子誕生之日。兩山俱發火光。現出文公二字。今就其地建文公祠。周力堂學使 學健 撰聯云。前公山。後文山。

一氣蜿蜒。知天地精華所粹。始小學。終大學。眞源脈絡。統聖賢體用之全。

大興朱文正師。撰杭州西湖朱文公祠聯云。由孔孟而來二千年衞道傳經。

獨振斯文統緒。當光寧之世五十日格非陳善。允宜此地烝嘗。以上楹聯叢話

眞德秀二一

南宋。姓眞氏。名德秀。字景元。後更景爲希。生於建之浦城縣長樂里僊陽鎭。（浦城·今縣名·屬福建省·僊陽鎭在縣城西北三十里·本名遷陽·）伯仲有四。德秀其次也。蚤孤。母吳氏。劬勞教育。德秀幼而穎悟。時建郡進士楊圭。見德秀貌。三犀貫頂。曰此異人也。使歸居建郡甌地。同諸子學。以女妻之。淳熙己酉。年十二。入黨庠。寧宗慶元乙卯。年十八。舉於鄉。己未。年二十二。登進士。特授南劍軍判官。開禧乙丑。年二十八。中博學宏詞科。奉旨建宏博坊于僊陽鎭安廟前。丙寅。年二十九。奉命入閫帥幕。召爲太學正。累官參知政事。世稱西山先生。端平乙未。五月壬寅卒。年五十八。謚文忠。從祀孔子廟庭。德秀立朝有直聲。遊宦所至。惠政深洽。其學以朱熹爲宗。自韓侂胄（侂·佗本字·或作仛·亦作侼·竝音託·寄也·韓侂胄·宋人名·）立僞學之名。以錮善類。其後正學得以復明者。德秀之力也。著有大學衍義。四書集編。唐書考異。三禮考。讀書記。心經。政經。西山甲乙稿。文章正宗。西山文集等。

南宋孝宗淳熙五年九月十五日卯時生生卒見年譜

南宋理宗端平二年五月初十日午時卒

戊戌	命	一歲 十一	癸亥 甲子
壬戌	宮	二一 三一	乙丑 丙寅
乙亥	乙	四一 五一	丁卯 戊辰
己卯	卯	六一 七一	己巳 庚午

眞文忠公之造。日元乙木。秋生凋零。八字土多。尤虞身弱。恰好生時命宮同占日祿。一可合亥化木。一可合戌化火。藉木益木。藉火制金。枝葉雖彫零。根本頗充實。且四柱無庚。不犯官星。其爲得道多助。大名遠揚。從可知矣。古歌云。日祿歸時格。拏雲折桂枝。若無官破氣。名譽四方知。指迷賦云。合中帶祿。定可封侯。此不過言其大較耳。其實文忠公十二歲。卽入黨庠。十八歲卽舉

於鄉廿二歲卽登進士第。特授南劍軍判官。廿八歲又中博學宏詞。奉旨建宏博坊於僊陽鎮。此豈止折桂枝哉。自廿九歲入閩帥幕。召爲太學正。以至領江東計度轉運副使。除參知政事。授資政殿大學士。兼侍讀。又有泉州聽訟。（泉州・故治・卽今福建省・晉江縣・）囹圄皆空。海賊盪平。萬民祠祀等政績。以視徼幸封侯。旅進旅退。無補時艱者。不有雲泥之判乎。此無他。蓋公一路行運。大半木火齊輝。是以早登巍科。廣行德政。不獨所著大學衍義。堪爲人君求治之南針已也。或曰。公十五歲甲運壬子。小限辛丑。父嵩公謝世。四十三歲卯運乙酉。小限戊辰。四木三凶。劾公所言。遂落職。五十八歲辰運乙未。小限戊午。竟考終。此何故耶。曰。此皆衝刑破害爲患。不僅土金肆虐也。

附錄

會長沙十二縣宰（一本題曰湘江亭晏潦屬）

從來守令與斯民。都（一作本・）是同胞一體親。豈有（一作既以・）脂膏供爾祿。不思（一作當知・）

痛癢切吾身此邦祇似唐時古。（一作素號唐風古。）我輩當如漢吏循。今夕湘春（一作湘亭）一卮（一作樽。）酒。直（一作更）煩散作十分春。

贈葉子仁

上饒葉子仁。爲人推算簭占。（簭。音誓。與筮同。以蓍占決咎也。或作籫誤。）往往如破的。歲乙酉。予方在從班。子仁以書來勸補外甚力。未幾果去國。進退得喪。豫定如此。子仁之術。亦奇矣哉。茲來過予衡茅。爲賦小詩三絕。因以自釋云。

易象推占妙入神。勸人忠孝更諄諄。只今誰似君平術。唯有南陽賣卜人。（子仁每推論五行。輒以善道勉人。如孝弟忠信。淸心寡慾等語。未嘗不懇切言之。故予以爲有君平之風。）

花正紛紅俄駭綠。月纔掛璧又沈鉤。世間萬事都如此。莫遺雙眉浪自愁。

知天焉用尤臧氏。有命何須主瘠環。若向此中能照破。許君已透利名關。

送張元顯序

我生不有命在天。得之不得曰有命。其爲委之命均爾。然一爲獨夫之言。一爲聖人之言。何哉。蓋命一也。恃焉而弗修。賊乎天者也。安焉而弗求。樂乎天者也。其言雖似。而其指不同。此聖狂之所以異也。今五行家者流。其工於推算者衆矣。然其於人也有益焉。有損焉。死生福禍。繫之於天。非苟求之可得。苟避之可免。吾惟盡吾所當爲。以聽其自至。其順乎天孰大焉。非益乎。以回之仁。亡救於貧且夭。以跖之不仁。亡害其富且壽。惠迪未必吉。而從逆未必凶。苟焉以自恣可也。其悖乎天孰甚焉。非損乎。由前之說。聖人之道。可以勉而至。由後之說。則雖爲獨夫。不難也。然則以命語人。亦豈易乎。括蒼張君元顯。五行家之巨擘者也。予欲其勉人以毋命之恃。而惟命之安。故爲之說如此。張君其亦謹所以言也哉。西山翁書。

送張宗昌序

大道隱而百家之學興。人各以其所長爭鶩於世。太史談劉歆所敍。至與儒者並列。夫儒道之大。猶天地也。百家衆技之流。則穹壤間一物爾。可儕而論之邪。談歆所敍。蓋失之矣。而後之學者。遂謂吾所知者道。它非吾屑也。不知陰陽卜筮。皆易之支流餘裔。微而百工之事。亦聖人竇爲之。一能一藝。莫非世用所急。而一切薄陋之可乎。括蒼張宗昌曜之。幼嘗涉獵書傳。以貧不得盡力。而於洞林之要指。錦囊之祕訣。秦扁治療之法。甘石巫咸之占。皆究心焉。甚哉。其富於技也。以吾道律之。固不免致遠恐泥之譏。而就其所長。亦有不可廢者。紹定三年冬。招捕使陳公提師出剱汀間。曜之實從。用其推占之術。曰某日出師。某日破賊。其應若響答然。他如相地。如治疾。又皆予嘗試而驗者。然則曜之所能。其可以小道廢之乎。雖然。以曜之之敏悟。使獲畢力于學。其所就詎止於此。良可惜也。然曜之雖貧。能遣其子貣笈從師。文辭日贍以蔚。是將變方技爲儒者之門。又可喜也。因其行。序以勉之。

送吳正叟序

詩云。卜云其吉。終然允臧。此擇地之說也。又曰。天之生我。我辰安在。此論命之說也。然則二者。蓋謂有之矣。括蒼吳正叟兼此二技。見稱士林間。或云。命不可以力而移。地可以求而得。是不然。天下萬事其孰非命。求地而獲吉。與求而弗獲。皆命也。人力烏乎與哉。謂命不可移是矣。謂地爲可求。是不知命也。世間自有可移者存。而人莫之移。自有可求者存。而人莫之求。此聖賢之所以嘆息也。正叟將爲江湖間遊。求一言以別。於是乎書。

贈顧涇序

予讀諸史方技傳。見其以藝名者。必顓於一而後工。若夫推步以知天。形相以觀地。又術之難者也。上下數千年間。能兼而通者。唯管公明。郭景純。李淳風。僧一行。數人而已。豈不艱者。盧陵顧君涇。邃於陰陽五行之學。以之占天則神。以之相地則不苟。凡今之以術名。未有能過之者也。予乙酉趨朝。遇之於衢。顧君見謂曰。公之此行。不滿百日當歸。繼而果然。蓋其驗如此。非神而能知乎。後四年。謁予粤山之下。相與論考卜岡阜之法。終日灑灑不窮。又知其非苟於求售者也。予老矣。方將從君求藏骨之地。屬其有東浙之役。故書此遺之。且堅其再至之約云。

贈五行任君炳、

以理論氣者。濂溪先生之學也。以理論數者。安樂先生之學也。鄮山（鄮·音茂·縣名·今浙江省慈谿·奉·鄮·牧地也·）任兄炳。推演五行。必本於理。其殆有聞於二先生之學乎。識眘毋以陰陽者流例目之。紹定四年某月某日西山野叟眞某贈。（以上眞文忠公文集）

楹聯

浦城眞西山先生嘗讀書邑之粤山。名其齋曰學易。即今南浦書院地也。有春聯云。坐看吳越兩山色。默契羲文千古心。見三才圖會。余嘗主南浦講席。擬爲敬錄此聯。懸之楹柱。而因循未果。附記於此。（楹聯叢話）

謝枋得 二三

南宋。姓謝氏。名枋得。字君直。號疊山。弋陽人。（弋陽。縣名。屬江西省。）爲人豪爽。每觀書五行俱下。一覽終身不忘。性好直言。與人論古今治亂國家事。每掀髯抵几。跳躍自奮。以忠信自任。寶祐丙辰（年三十一）舉進士。除撫州司戶參軍。（撫州。卽今江西臨川縣。）卽棄去。明年復出試教官。中兼經科。除教授建寧府。未上。開慶己未（年三十四）應吳潛辟。團結民兵萬餘人。以扞饒信。暨兵退。朝廷覈諸軍費。幾至不免。景定甲子（年三十九）考試建康。（故城在今江蘇省。江寧縣南。）語侵賈似道。乃誣以居鄉不法。謫居興國軍。咸淳丁卯（年四十二）赦歸。德祐乙亥（年五十）除江東提刑。知信州。（故治在江西省。上饒縣西北。）累遷江西招諭使。元兵東下。信州不守。乃變姓名。入建寧唐石山。（在福建省。建陽縣西北。）轉蔡坂。寓逆旅中。日麻衣躡履。東鄉哭。已而設卜肆於建陽驛橋。榜曰依齋易卜。久之。小兒賤卒。莫不知爲謝侍郎。宋亡。遂居閩中。元至元丙戌。（年六十一）留夢炎薦之。不起。遺書有曰。吾年六十餘。所欠一死耳。豈有它哉。戊子（年六十三）召宋故臣。福建參政魏天祐。强之而北。己丑四月至京師。遂不食死。年六十四。門人私謚文節。世稱疊山先生。有批點檀弓解。詩傳註疏。選唐詩。文章軌範。疊山集。

南宋理宗寶慶二年二月二十四日亥時生（見名人生卒錄）

元世祖至元二十六年四月初五日□時卒

丙戌	命	初二 十二	壬辰 癸巳
辛卯	宮	廿二 卅二	甲午 乙未
己酉	庚	四二 五二	丙申 丁酉
乙亥	寅	六二 七二	戊戌 己亥

歷代名人生卒錄云。謝文節公寶慶二年二月二十四日亥時生。其八字當爲丙戌。辛卯。己酉。乙亥。天幹木火土金。四行俱備。與下列明商文毅公之造。木火土金。四行俱備相同。巫咸經云。四柱遞互相親。多生喜慶。規模宏大。概

可想見。惟細按文節之造。天幹丙辛己乙。乃是火金土木。雖可相生。究嫌隔閡。文穀天幹甲丁己辛。木火土金。順布連環。毫無障礙。文節之造地支戌卯酉亥。文昌長生。先合後衝。中多破綻。文穀地支午戌巳未。祿元帝旺。聲應氣求。互相團結。所以一爲兩榜侍郎。一爲三元宰輔。故少異也。所妙者文節年幹丙火。可以制金。月幹辛金。可以制木。雖月幹辛金。日技酉金。與夫戌藏辛金。命宮庚金。紛紛洩土。時幹乙木。月枝卯木。及時枝之亥。命宮之寅。各藏甲木。疊疊剋土。而日主之己土。仍可資生萬物。大地人民。仍得食息於斯。由是觀之。文節之造。緊要用神。特殊秀氣。全賴年幹丙火。其他年枝戌藏丁火。命宮寅藏丙火。不過遙爲聲援而已。因此入仕廿一年。居官僅八月。然而宋亡身隱。恥作二臣。絕食成仁。芬遺百世。如此操守。較之文穀。又有過之。至於賣卜建陽。惟取米屨。忠義之氣。更薄雲霄。周岳謂自商夷齊。漢龔勝。至文節。不食異姓之粟而死者。僅四人。珊謂自漢之司馬季主。嚴君平。及魏之管公明。

賣卜而得盛名者。至文節亦僅四人耳。文節自丙子至戊子，十三年間，皆賣卜於建陽市中。觀於文節三十一歲午運。歲值丙辰。舉進士。明年丁巳。除教授建寧府。卽可知午爲日祿。合戌會火。而丙辰丁巳。幹枝火土。又裨益用神。故若是也。三十四歲乙運。歲值己未。應吳潛辟。團民兵萬餘人以扞饒信。暨兵退。朝廷覈諸軍費。文節幾至不免。三十九歲未運。歲值甲子。文節考試建康。語侵賈似道。乃誣以居鄉不法。謫居興國軍。四十二歲丁卯。赦歸閒居。五十歲申運。歲值乙亥。除江東提刑。累遷江西招諭使。及信州不守。乃棄家入閩。旋賣卜建陽市。證以以上四事。益信乙未申三運。木能剋土。金能洩土。而己未丁卯。會亥爲木。甲子丁丑。刑卯會金。皆足以助紂爲虐也。至六十三歲戌運。歲值戊子。小限甲子。既喪老母。復爲魏天祐强執北行。六十四歲。歲值己丑。小限癸亥。文節矢志絕食。四月初五日。卒於燕京閔忠寺。燕京，卽今之北平。此雖金水木之爲害。而戊己之土。亦與有功焉。否則節義勛庸。豈能彪炳史籍。與日月而常新哉。

附錄

思親五首壬午九月寄書老母

九十萱親天下稀。十年甘旨誤庭闈。臨行有懇慈心喜。再覩衣冠兒便歸。

九十萱親天下稀。吾王何在子何之。倚閭旦暮無他念。一片好心天得知。

九十萱親天下稀。人無容力荷天慈。衣冠禮樂江東聚。此是癡兒奉母時。

九十萱親天下稀。平生教子欲何爲。楚王肯立韓公子。良也歸韓亦有辭。

九十萱親天下稀。教兒只誦白華詩。溪冰山玉人無愧。百拜慈闈喜可知。

示兒二首

門戶興衰不自由。樂天知命我無憂。大兒安得孔文舉。生子何如孫仲謀。天上麒麟元有數。人間豚犬不須愁。養男不教父之過。莫視詩書如寇讎。

千古興亡我盡知。一家消息又何疑。古來聖哲少才子。世亂英雄多義兒。靖節少陵能自解。孔明王猛使人悲。只虞錯改金根字。焉用城南勸學詩。

和毛靜可韻

孟韓相慕久懸懸。恨不論詩早十年。吾道不行知有命。斯文將喪更由天。此生何恨爲龔勝。漢彭城人・三舉孝廉・哀帝時・徵爲諫議大夫・王莽秉政・歸隱鄉里・莽遣使奉印綬・安車駟馬徵之・拜上卿・勝語門人高暉等曰・誼豈一身事二姓乎・遂不食死・來世誰能知少連。不信無人扶宇宙。是邦豪傑已林然。

初到建寧賦詩一首

魏參政執拘投北。行有期。死有日。詩別妻子良友良朋。

雪中松柏愈青青。扶植剛常在此行。天下久無龔勝潔。人間何獨伯夷清。義高便覺生堪捨。禮重方知死甚輕。南八男兒終不屈。皇天上帝眼分明。上帝・一本作后土・

辭洞齋華父二劉兄惠寒衣

離羅內阱。何損麒麟。反君事讎。忍爲狗彘。凡勸吾入燕吐胸中不平而後死者。皆非忠於謀人者也。南八男兒死爾。不可爲不義屈。豈敢曰。將以有爲乎。平生學問。到此時要見分明。辱惠寒衣。義不當受。大顚果聰明。識道理。胸中無滯礙。何必受昌黎先生衣服爲別耶。小詩寫心。謾發一笑。

平生愛讀龔勝傳。進退存亡斷得明。范叔綈袍雖見意。大顚衣服莫留行。此時要看英雄樣。好漢應無兒女情。只願諸賢扶世敎。餓夫含笑死猶生。

贈儒醫陳西岩

豬苓桔梗不爲奇。藥籠書囊用有時。莫把眼前窮達論。要知良相卽良醫。

古詩贈相士吳楚峯

世亂異人出。高者爲神仙。方術皆救世。可知愚與賢。喜君風鑒別。妙處不可傳。着眼看福人。要識太平年。

贈卜者魏易齋

伯陽曾著易參同。奪盡陰陽造化功。白玉五城人可到。黃金一鼎道無窮。先生救世心良苦。後派多才命必通。魏本大名名易顯。子明且爲筮江東。

贈地理楊南川序

楊君南川。挾風水之術。游富貴家。老而不倦。誦楊救貧所著三龍經極熟。聽者欣然。想其術之精也。富貴家用其術。不能去其貧。楊君不色怨。衝炎風。濡梅雨。杖筇竹。行數百里。鳴於人曰。吾術能使貧者富。賤者貴。憂患者逸樂。及遇富貴人家。又不合而去。何也。合不合。無益損於楊君。心勤而身困。藝精而道窮。世變使之然邪。楊君之命。固當然邪。嗟乎。古有負超世絕倫之才。懷囘天入神之技。不爲當時所尙。徒有來世之名者多矣。獨楊君乎哉。吾聞南唐范太史。游浙東。三年不遇。露香請命于穹旻。願救貧民積善者十家。至今兩浙名公卿。數百年松楸鬱鬱。有佳氣者。皆范公所卜也。楊君亦能有范公之心乎。人不知之。天必知之。何憂乎不遇。以上疊山集

文天祥 二三

南宋。姓文氏。名天祥。字宋瑞。又字履善。號文山。吉水人（吉水縣名。屬江西省。）體貌豐偉。美皙如玉。秀眉而長目。顧盼燁然。（燁音熠。火光貌。）自爲童子時。見學宮所祠鄉先生歐陽修。楊邦義。胡銓像。皆謚忠節。欣然慕之。曰。沒不俎豆其間。非夫也。寶祐丙辰年二十一。舉進士。對策集英殿。時理宗在位久。政理浸怠。天祥以法天不息爲對。其言萬餘。不爲稿。一揮而成。帝親擢爲第一。考官王應麟奏曰。是卷古誼若龜鑑。忠肝如鐵石。臣敢爲得人賀。歷仕湖南提刑。改知贛州。（即今江西省。贛縣。）德祐元年乙亥。年四十。元兵入寇。天祥應詔勤王。拜右丞相。丙子年四十一。奉旨詣元軍請和。被拘。至鎮江。夜亡入眞州。泛海至溫州。（即浙江省。永嘉縣。）聞益王未立。上表勸進。召至福州。進左丞相。景炎丁丑。年四十二。任都督。出江西。與元兵戰於空坑。大潰。收殘兵奔循州。（故治在廣東省。惠陽縣東北。）駐南嶺。（在廣東省。紫金縣南九十里。周百餘里。四面皆高。其中平衍。惟一路可通。天祥收散卒於此。）戊寅年四十三。

加少保封信國公。進屯潮陽。移屯海豐。潮陽·海豐·兩縣名·皆屬廣東省· 十二月二十日。元將張弘範掩至。被執。拘燕四年。元世祖知其終不屈。乃殺之。天祥臨刑作正氣歌以見志。從容謂吏卒曰。吾事畢矣。南嚮拜而死。元主嘆爲眞男子。時壬午十二月初九日。年四十七。有文山集二十卷。

南宋理宗端平三年五月初二日子時生 生卒見年譜

元世祖至元十九年十二月初九日□時卒

丙申	命	七歲 乙未	十七 丙申
甲午	宮	二七 丁酉	三七 戊戌
丁巳	己	四七 己亥	五七 庚子
庚子	亥	六七 辛丑	七七 壬寅

三命指迷賦云。文章明敏兮定須火盛。威武剛烈兮乃是金多。謹按文信國公造。日主之丁屬火。月枝之午藏丁亦屬火。年幹之丙屬火。日枝之巳藏丙

亦屬火合之火有四矣時幹之庚屬金年枝之申與日枝之巳中各藏庚俱屬金合之金有三矣火多則盛金多則剛指迷賦謂爲文章明敏威武剛烈良有以也夫金剛火盛金固成器火亦見功可謂善之至矣然誕生之際適在芒種節後赤帝司權與三秋之白帝司權迥乎不同此時火正得令金猶藏形火旺金衰究未妥協必須藉水制火使火氣稍降金質稍升始可歸於和平而免偏倚之弊恰好年枝之申時枝之子時支逢子不以建祿格論所以子水亥水均作喜神言也命宮之亥各具藏水用神得所膺福殊多故能鞠躬盡瘁取義成仁豈尋常狀元丞相所可相提並論耶二十八歲丙運小限丁酉二月朔禮部開榜中正奏名弟璧與公同登及大廷試策理宗皇帝親擢公爲第一臨軒唱名蓋五月二十四日也時革齋先生臥病客邸二十八日革齋先生棄世天府治喪榜下士資送路費粗給兄弟卽日扶護還里一喜一憂相懸天壤蓋火旺金衰之命只宜辰酉最忌丙丁也自二十五歲旨差主管建昌軍仙都觀至三

十六歲。除湖南運判。皆申酉金運之關係。雖經過丁火。而歲見水金。故循序漸進。尙不差池。及至三十八歲。除湖南提刑。四十一歲除右丞相。兼樞密使。都督諸路軍馬。四十二歲攻贛吉兵敗。凡此數年。皆在戊土運中。與用神之水。極端反對。是以干戈鼎沸。挫折頻遭。四十三歲戌運。歲値戊寅。九月曾太夫人薨。十二月十五日。移屯趨海豐。二十日。爲虜騎追及於道。軍潰被執。服腦子不死。見北帥張弘範。抗節不屈。張待以客禮。後乃囚之。至四十七歲。仍在戌運。歲値壬午。十二月初九日就義。蓋戌午合火。壬丁化木。午午刑刃也。是歲春。公自作贊。擬終時書之衣帶間。敍云。吾位居將相。不能救社稷。正天下。軍敗國辱。爲囚虜。其當死久矣。頃被執以來。欲引決而無間。今天與之機。謹南向百拜以死。其贊曰。孔曰成仁。孟曰取義。惟其義盡。所以仁至。讀聖賢書。所學何事。而今而後。庶幾無愧。宋丞相文天祥絕筆。

附錄

正氣歌

予囚北庭。坐一土室。廣八尺。深可四尋。單扉低小。白間短窄。汙下而幽暗。當此夏日。諸氣萃然。雨潦四集。浮動床几。時則爲水氣。塗泥半朝。蒸漚歷瀾。時則爲土氣。乍晴暴熱。風道四塞。時則爲日氣。簷陰薪爨。助長炎虐。時則爲火氣。倉腐寄頓。陳陳逼人。時則爲米氣。駢肩雜遝。腥臊汙垢。時則爲人氣。或圊溷。或毀屍。或腐鼠。惡氣雜出。時則爲穢氣。疊是數氣。當之者鮮不爲厲。而予以孱弱。俯仰其間。于茲二年矣。幸而無恙 是殆有養致然。然爾亦安知所養何哉。孟子曰。吾善養吾浩然之氣。彼氣有七。吾氣有一。以一敵七。吾何患焉。況浩然者。乃天地之正氣也。作正氣歌一首。

天地有正氣。雜然賦流行。下則爲河嶽。上則爲日星。於人曰浩然。沛乎塞蒼冥。皇路當淸夷。含和吐明庭。時窮節乃見。一一垂丹靑。在齊太史簡。在晉董狐筆。在秦張良椎。在漢蘇武節。爲嚴將軍頭。爲稽侍中血。爲張睢陽齒。爲顏常山舌。或爲遼東帽。淸操厲冰雪。或爲出師表。鬼神泣壯烈。或爲渡江楫。慷慨吞胡羯。或爲擊賊笏。逆豎頭破裂。是隨所旁薄。凜烈萬古存。當其貫日月。生死安足論。地維賴以立。天柱賴以尊。三綱實係命。道義爲之根。嗟予遘陽九。隸也實不力。楚囚纓其冠。傳車送窮北。鼎鑊甘如飴。求之不可得。陰房闃鬼火。春院閟天黑。牛驥同一皂。鷄棲鳳凰食。一朝濛霧露。分作溝中瘠。如此再寒暑。百沴自辟易。嗟哉沮洳場。爲我安樂國。豈有他繆巧。陰陽不能賊。顧此耿耿在。仰視浮雲白。悠悠我心悲。蒼天曷有極。哲人日已遠。典型在夙昔。風簷展書讀。古道照顏色。

贈蕭巽齋

未有大撓書。先有伏羲易。古人尚卜筮。今人信命術。八卦與五行。皆自河圖出。易中元有命。道一萬事畢。卦義六十四。蕭君得其一。江湖旅瑣瑣。談命以巽入。人情愛委曲。喉舌嫌棘棘。言言依忠孝。君平意未失。我生獨骯髒。動取無妄疾。是有命流行。雖隕復誰詘。安能從兒女。朝夕談呢呢。若卦有人買。不妨君賣直。

贈談命朱斗南序

天下命書多矣。五星勿論。若三命之說。予大概病其泛。而可以意推出入。禍福特未可知也。惟太乙統紀。鈎索深遠。以論世之貴人。鮮有不合。然閭閻賤微。有時而適相似者。倉卒不可辨。予嘗謂安得一書爲之旁證。以窺見造化之庶幾哉。最後得朱斗南出白顧山人祕傳一卷。以十干十二支。五行二十七字。旁施午竪。錯綜交互之中。論其屈伸。刑衝六害。察其變動。生旺官印空。而爲衰敗死絕。衰敗死絕破。而爲生旺官印。祿馬不害爲貧賤。孤刼未嘗不富貴。盈虛消息。觀其所歸。和平者爲福。反是爲禍。其言親切而有證。予切愛之。獨其所著之文。可以意得。不可以辭解。乃循其本文。變其舊讀。概之以其凡。表之以其例。其不可臆見者闕疑焉。統紀十干。干各一詩。其辭雖若專指一干而云。而十干取用。無不相通。故詩雖以百數。其大指數十而已。亦復如白顧之例。別爲之篇。以附見其後。使二書貫穿於一人之手。彼此以補其所不及。年月日時。雖相去一字之差。而於銖兩輕重。爲不可誣矣。斗南吉水人。拔起田間。談命皆自得之妙。予謂初事統紀。失之者十之二三也。繼得白顧書。失之者百之二三也。予觀斗南用二書奇中。所不在論。偶然而不中。則反求之吾書。書未嘗失。顧用書者或未盡耳。予又恨白顧書。有闕疑也。天命之至矣。出於人之所俄度者。不可一言而盡也。吾所見斗南論命。就其一家眞白眉哉。是爲序。

金匱歌序

金匱歌者。鄉前輩王君良叔之祕醫方也。初良叔以儒者涉獵醫書。不欲以一家名。一日遇病數十輩。同一證。醫者曰。此證陰也。其用某藥無疑。數人者尟死。醫者猶不變。良叔曰。是證其必他有以合少更之。遂服陽證藥。自是皆更生焉。良叔寃前者之死也。遂發念取諸醫書。研精探索。如其爲學。然久之。無不通貫。辨證察脈。造神入妙。如庖丁解牛。傴僂承蜩。因自撰爲方劑。括爲歌詩。草紙蠅字。連帙累牘。以遺其後人曰。吾平生精神。盡在此矣。其子季浩以是爲名醫。其子庭舉。蚤刻志文學。中年始取其所藏讀之。今醫遂多奇中。一日出是編。予然後知庭舉父子之有名於人。其源委蓋有所自來矣。天下豈有無本之學哉。世道不淑。清淳之時少。乖戾之時多。人有形氣之私。不能免於疾。世無和扁。寄命於嘗試之醫。斯人無辜。同於巖牆桎梏之歸者。何可勝數。齊高彊曰。三折肱知爲良醫。楚辭曰。九折臂而成醫。言屢嘗而後知也。曲禮曰。醫不三世。不服其藥。言嘗之久。而後可信也。人命非細事。言醫者類致謹如此。然則良叔齊楚人所云醫也。若庭舉承三世之澤。其得不謂之善醫矣乎。予因謂庭舉曰。凡物之精。造物者祕之。幸而得之者。不敢輕。然其久。

未有不發。周公金縢之匱。兄弟之祕情也。至成王時而發。藝祖金匱之誓。母子之祕言也。至大宗時而發。君所謂金匱歌者。雖一家小道。然祖宗之藏本。以爲家傳世守之寶。其爲祕一也。子之發之也。以其時考之則可矣。庭舉曰。大哉斯言。予祖之澤。百世可以及人。予爲子孫。不能彰悼先志。恐久遂沈泯。上貽先人羞。敢不承教以廣之於人。予嘉庭舉之用心。因爲序其本末如此。良叔諱朝弼。季浩諱淵。庭舉名槐云。以上文信國公集

宋犖筠廊偶筆。宋寶祐四年登科錄。第一甲一名。文公天祥。第二甲第一人謝公枋得。第二甲第二十七人。陸公秀夫。忠節萃於一榜。洵爲千古美談。

姜南風月堂雜識。留夢炎淳祐四年狀元。文天祥寶祐四年狀元。陳文龍咸淳四年狀元。及宋亡。文陳二公皆死節顯著。不負大魁之名。夢炎以苟活圖富貴。有玷科名。其視文陳二公。不啻麒麟之於犬羊。鳳凰之於燕雀。豈可以同日語哉。

吳興許浩基案。陳文龍字德剛。興化人。景炎時爲丞相。元兵進攻。文龍被執。逼其降。不屈。衆皆義之。乃執以如燕。行至臨安而卒。見宋史忠義傳。

吳寬謁文信公祠

當時正氣亙乾坤。忠義誰將宋史論。宋史。公與陳宜中同傳。不預忠義之列。柴市宜爲南向象。崖山應有北歸魂。已酬鄉里晞賢志。能報朝廷養士恩。一讀六歌人便哭。天教遺墨燬無存。海虞錢氏。藏公六歌墨蹟。近燬於火○明吳寬。字原博。長洲人。成化中。會試廷試皆第一。有匏翁家藏集

章懋謁文丞相祠

元宋興亡跡已陳。忠臣祠宇尚如新。夕陽古樹煙猶暝。夜雨荒階草自春。慷慨大歌空灑淚。間關百戰竟捐身。穆陵地下應含笑。不負傳臚第一人。明章懋。字德懋。蘭谿人。成化進士第一。有楓山集

文丞相祠聯

文丞相祠。在北京敎忠坊府學衚衕。卽元之柴市也。明洪武九年北平按察

副使劉崧建。永樂六年。始有春秋之祭。於有司歲以順天府尹行事。宣德四年府尹李庸至。顧瞻祠宇㢢陋。遂葺而新之。景泰間賜謚忠烈。殿三楹。聯曰。南朝狀元宰相。西江孝子忠臣。牖扉大書正氣歌全文。正中一額曰。有宋存焉。又有朝鮮人祭文揭楣梁。遺風振四夷。可知也。文文山年譜

陸秀夫 二四

南宋姓陸氏。名秀夫。字君實。江蘇鹽城縣人。明諡忠烈。萬曆四十七年。始諡忠烈。蓋上去宋之亡已三百四十載矣。嘉熙庚子生。三歲。其父徙家鎮江。稍長。從其鄉人孟先生學。孟之徒恆百餘。獨指秀夫曰。此非凡兒也。寶祐丙辰。年十九登進士第。景定庚申。年二十三李庭芝鎮淮南。辟至幕中。每宴集。坐尊俎間。矜莊終日。未嘗少有希合。帝㬎德祐乙亥。年三十八邊事急。諸僚屬多亡者。惟秀夫數人不去。庭芝上其名。除司農寺丞。累擢至宗正少卿。兼權起居舍人。丙子正月。年三十九以禮部侍郎。使軍前請和。不就而反。二王走溫州。秀夫追從之。益王立於福州。即今福建省。閩縣。遷端明殿學士。簽書樞密院事。時君臣播越海濱。庶事疏略。秀夫儼然正笏立。如治朝。王以驚疾殂。羣臣皆欲散去。秀夫曰。度宗皇帝。一子尚在。將焉置之。古人有以一旅一成中興者。今百官有司皆具。士卒數萬。天若未欲絕宋。此豈不可爲國耶。乃與衆共立衞王。以秀夫爲左丞相與張世傑共秉政。時世傑駐兵厓山。在廣東省、新會縣南、大海中、山延袤八十餘里、與湯瓶嘴對峙、如兩岸然、亦曰崖門山、宋紹興中、置寨、以控扼烏猪大洋之險、秀夫外籌軍旅。內調工役。凡有述作。又盡出其手。雖匆遽流離中。猶日書大學章句以勸講。帝昺祥興二年己卯二月癸未。厓山陷。秀夫度不可脫。驅妻子先入海中。尋負王赴海而死。宋亡。方秀夫在海上時。記二王事甚悉。以授鄧光薦。光薦死。其書存亡無從知。故海上之事。世莫得其詳。袤音茂、廣袤也、東西曰廣、南北曰袤、

南宋理宗嘉熙二年十月初八日寅時生生卒見年譜

南宋帝昺祥興二年二月初六日□時卒

戊戌	命	五歲 十五	甲子 乙丑
癸亥	宮	二五 三五	丙寅 丁卯
己酉	丙	四五 五五	戊辰 己巳
丙寅	辰	六五 七五	庚午 辛未

陸忠烈公年譜。蔣逸雪著。載明公宋理宗嘉熙二年十月初八日寅時生。珊謹按其八字。爲戊戌。癸亥。己酉。丙寅。查得日幹之己屬土。年幹之戊亦屬土。年枝之戌。時枝之寅。與命宮之辰。中各藏戊。又俱屬土。土計有五矣。時幹之丙屬火。命宮之丙亦屬火。年枝之戌藏丁。時枝之寅藏丙。又俱屬火。火計有四矣。土多則厚。非木不足以疏通之。火多則炎。非水不足以交濟之。恰好命宮之辰。中藏水木。與月枝所藏水木。同聲相應。同氣相求。再益以月幹癸水。時枝寅木。從中協助。一面疏土。一面濟火。其爲用神有賴。氣象堂皇更屬顯然。因是正國忘家。捐軀竭命、豈止文章英邁。器識超羣已哉。十五歲子運。歲値壬子。應鄉舉得貢。補太學牒。火需水濟此明證也。十八歲乙運。歲値乙卯。鄉試第一。十九歲仍行乙運。歲値丙辰。成進士。與文天祥同榜。土賴木疏此明證也。二十三歲庚申至三十五歲壬申。公皆隨李庭芝參贊軍機。賓主交驩。尚稱安適。蓋經過丑丙寅三運。既非純水。又非純木。故只隨遇而安也。三十六歲癸酉。李庭芝按閫。公乃出幕。三十七歲甲戌。元丞相伯顏。大舉入寇。七月帝崩。子嘉國公㬎。即位。封兄昰爲吉王。弟昺爲信王。㬎。音顯。著也。先也。昰。即古夏字。音暇。四時。二曰夏。昺。音丙。亮也。庭芝爲淮東制使。公爲參議官。三十八歲乙亥。宋帝㬎。德祐元年。公除司農寺丞。累擢至宗正少卿。兼權起居舍人。三月。伯顏入臨安。即今浙江省杭縣。以帝及皇太后全氏北去。益王廣王同走溫州。三十九歲丙子。公至溫州。奉益王爲都元帥。五月。即位福州。改元景炎。公爲直學院。六月。公罷直學院。謫居於潮。七月。揚州陷。李庭芝死之。十一月。張世傑奉帝航海至泉州。又走潮州。復次惠州。四十歲丁丑。公致陳文龍書。文龍不食死。九月。帝還潮州之淺灣。公由潮還同簽書樞密院事。四十一歲戊寅。二月。元兵陷潮州。潮州即今潮安縣。泉州。即今晉江縣。皆屬廣東省。三月。帝還硇州。即大溪山。在廣東省。吳川縣南。屹立海中。今作㴵洲。亦作硇洲。在廣州灣口外。㴵音甸。冬韻。硇。䃨。平聲肴韻。四月。帝崩。公立衞王爲帝。時衞王昺年八歲。六月。帝還厓山。公爲左丞相。政餘日書大學章句勸講。文天祥兵敗。上表自劾。朝廷下詔勉諭之。

閏十一月。文天祥被執。十二月。公著三帝信錄。四十二歲。己卯。二月六日。癸未。厓山陷。公負帝赴海死。宋亡。凡此七年。顚沛流離。日無甯晷。固由丁火燥土。卯木衝酉所致。實則國運傾圮。（圮，音否，紙韻，左从戊己之己，毀也。）無從挽救。然公之孤忠大節。亦可與日月爭光矣。

附錄

寶祐元年癸丑。公十六歲。讀書鶴林寺。有詩云。歲月未可盡。朝昏屢不眠。山前多古木。牀下半殘編。放犢飮溪水。助僧耕稻田。寺門久斷掃。分食愧農賢

文文山弔公序云。陸樞密秀夫。字君實。自維揚幕入朝。京師陷。永嘉推戴有力。及駐厓山。乘宰相。凡朝廷事。皆秀夫潤色綱紀之。厓山陷。與全家赴水死。哀哉。詩曰。文彩珊瑚鉤。（奉同，郭給事靈湫作，）淑氣含公鼎。（張九齡）烱烱一心在。（嚴武）天介相與永。（漢陝西南臺）○文山全集

石田林景熙題陸秀夫殉國圖

紫宸黃閣共樓船。海氣昏昏日月偏。平地已無行在所。丹心猶數中興年。生藏魚腹不見水。死抱龍髯直上天。板蕩純臣有如此。流芳千古更無前。明瞿佑歸田詩話

明李東陽弔陸公祠

國亡不廢君臣義。莫道祥興是靖康。奔走恥隨燕道路。死生惟著宋冠裳。天南星斗空淪落。水底魚龍欲奮揚。此恨到今猶未極。厓山東下海茫茫。

汴城杭國總邱墟。三百年來此卜居。海外河山非漢有。嶺南人物是周餘。行宮草草慈元殿。講幄勤勤大學書。辛苦相臣經國念。有才無命欲何如。

北風吹浪覆龍舟。溺盡江南二百州。東海未塡精衞死。西川無路杜鵑愁。君臣寵辱三朝共。宗社興亡萬古讎。若遺素王生此世。也須重紀宋春秋。年譜